Monika Barwińska (Text, Fotos) | Michael Moll (Fotos)

Mittelrhein

Ausflüge zu den schönsten Schlössern und Burgen

DROSTE
kompakt

Liebe Burgen- und Schlösserfreunde,

das Obere Mittelrheintal, im Jahr 2002 von der UNESCO zum Weltkulturerbe erhoben, ist sagenumwoben und von Legenden behaftet. Doch auch über Koblenz und Bingen hinaus bietet eines der schönsten Flusstäler Deutschlands eine unverwechselbare Landschaft mit zahlreichen Burgen, Schlössern und Ruinen.

Zwischen Bonn und Wiesbaden lässt sich die bewegte Geschichte hautnah erleben und so manche Entdeckung machen. Höhenburgen bieten herrliche Ausblicke in malerische Täler und Wehrtürme dokumentieren hart umkämpfte Zeiten. Von Familienfehden zeugen zum Beispiel die Feindlichen Brüder Burg Sterrenberg und Burg Liebenstein, von der politischen Bedeutung als Zollstation Burg Pfalzgrafenstein, die als einzige Rheinburg nur mit dem Schiff erreichbar ist.

Ob Sie auf dem Rheinburgenweg wandern, genüsslich das gesamte Tal durchfahren oder einzelne Tagesreisen unternehmen – dieses Buch begleitet Sie. Jeder der 24 Ausflüge besteht aus drei Tipps: Als Erstes wird die Burg (bzw. das Schloss oder die Festung) mit ihrer Architektur und Geschichte, aber auch mit ihren Aktionen, wie Führungen oder Festen, vorgestellt. Als Zweites laden wir Sie zu Spaziergängen in die Umgebung ein: durch prachtvolle Gärten, urige Städtchen und kulturreiche Landschaften.

Und schließlich erhält jeder Ausflug einen sehenswerten Extra-Tipp, wie den Rittersturz bei Koblenz und das Friedensmuseum an der Brücke von Remagen. Ausgewählte Restaurantempfehlungen mit regionaler oder ausgefallener Küche runden jeden Streifzug genussvoll ab. Die Eintrittspreise der vorgestellten Ausflugsziele gelten stets für einen Erwachsenen.

Der Mittelrhein hält eine Vielzahl spannender und interessanter Ausflugsziele bereit, sodass wir hier nur eine kleine Auswahl vorstellen können. Bitte beachten Sie, dass Objekte, die derzeit saniert werden (wie beispielsweise die Alte Burg Boppard), keine Erwähnung finden können, gleichwohl sie absolut sehenswert sind. Im Gegenzug kann es auch sein, dass von uns vorgestellte Ziele möglicherweise wegen Renovierungsarbeit kurzfristig nicht zu besichtigen sind. Darum sollten Sie sich vor Ihrer Anreise stets bei den entsprechenden Stellen informieren. Dort bekommen Sie außerdem Hinweise zu aktuellen Veranstaltungen, wie dem Tag der Offenen Denkmals, der jedes Jahr am zweiten Septemberwochenende stattfindet und manche sonst verschlossene Tür öffnet.

Ich wünsche Ihnen viel Freude und spannende Kultur-Erlebnisse am Mittelrhein.

Ihre Monika Barwińska

Das Mittelrheintal

Das mittlere Rheintal – im Norden von Bonn, im Süden von Bingen begrenzt – gehört zu den schönsten Kulturlandschaften Europas. Auf einer Länge von insgesamt 150 Kilometern erstreckt sich eine einzigartige Landschaft, die von Weinbergen, Burgen und allem voran dem Fluss geprägt ist. Bereits seit zwei Jahrtausenden spielt der **Rhein** als Handels- und Transportweg eine große Rolle: Schon die Römer wussten ihn zu nutzen, was zahlreiche Funde, wie zum Beispiel die Villa Rustica im Bingener Wald, belegen. Sie brachten auch den **Wein** an den Rhein, der sich dank des milden Klimas und des mineralreichen Schieferbodens hervorragend einlebte. Viele Sonnentage und kaum Temperaturschwankungen machen das Tal nicht nur für den Riesling zum idealen Anbaugebiet.

Dass der Mittelrhein so oft besungen und gemalt wurde, verdankt er aber in erster Linie seiner Vielzahl an **Schlössern und Burgen,** die sich wie Perlen zu beiden Seiten des Flusses aufreihen. Als majestätische Wahrzeichen vergangener Zeiten entführen sie uns ins Mittelalter und veranschaulichen unsere deutsche Geschichte. Außerdem sind sie wunderschöne Tagesziele für Ausflüge und Wanderungen. Das Wegenetz ist gut ausgeschildert, nicht nur auf dem Rheinsteig, dem wohl bekanntesten deutschen Fernwanderweg. Überwiegend linksrheinisch verläuft

Der Mäuseturm zu Bingen

der Rheinburgenweg, auf dem über 40 alte Gemäuer abgewandert werden können. Ausgewiesene Natur-
S. 174 ▶ schutzgebiete wie das Morgenbachtal und die romantische Felsenschlucht
S. 104 ▶ Ruppertsklamm machen jede Tour zu einem wahren Erlebnis.

Doch geht es am Rhein nicht immer ruhig und beschaulich zu: Verschiedene Kultur- und Volksfeste locken jedes Jahr Tausende Besucher und Einheimische an den Fluss. Das spektakuläre Großfeuerwerk **Rhein in Flammen** verwandelt an insgesamt fünf Tagen den Fluss in eine Lichtbühne:

Beste Aussicht auf die Flammen-Schau bieten die zahlreichen Ausflugsschiffe vor Ort.

Rhein in Flammen

1. Sa. im Mai:
Zwischen Bonn und Linz

1. Sa. im Juli:
Zwischen Niederheimbach, Bingen und Rüdesheim

2. Sa. im Aug.:
Zwischen Koblenz und Spay

2. Sa. im Sept.:
Oberwesel

3. Sa. im Sept.:
Zwischen Sankt Goar und Sankt Goarshausen

Am letzten Sonntag im Juni sorgt außerdem die Vollsperrung zweier Bundesstraßen-Abschnitte für Begeisterung: Dann ist **Tal Total.** Seit den 1990er-Jahren werden dafür die rechtsrheinische B 42 zwischen Lahnstein und Rüdesheim sowie die linksrheinische B 9 zwischen Koblenz und Bingerbrück für den Autoverkehr gesperrt. Die Straßen gehören dann ausschließlich Fußgängern, Radfahrern und Inlineskatern, während in den Ortschaften verschiedene Volksfeste stattfinden. Apropos Feste: Die lokalen Wein- und Winzerfeste sind immer einen Besuch wert. Neben den Rebsäften werden Köstlichkeiten der regionalen Küche sowie Kunsthandwerk offeriert.

Der Rhein, der Wein und die Burgen machen das Tal zu einer grandiosen Landschaft mit historischem Kulturgut und kulinarischen Köstlichkeiten. Wer einmal zu Besuch war, wird immer gern zurückkehren. Und wer die Region nicht kennt, kann mit diesem Büchlein auf erste Erkundungen gehen.

01
Burg Lede
Ein Englischer Garten und eine Doppelkirche an der Sieg

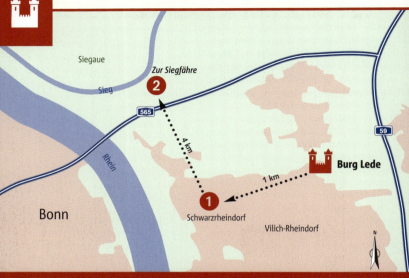

Außerdem sehenswert

1 Schwarzrheindorf ➤ S. 12 **2** Siegaue ➤ S. 13

Burg Lede

An der Burg Lede 1, 53225 Bonn-Vilich, Tel. (02 28) 46 81 71
Di. u. Do. 15–18, Sa. 10–14 Uhr, Eintritt frei
➤ **www.geburgenheit.de**

Anfahrt PKW
A 59 AS 41, über die B 56, rechts in die Gartenstraße und Adelheidisstraße;
Parkmöglichkeiten auf der Käsbergstraße, von dort etwa 5 Minuten
Fußweg (GPS: 50.75379, 7.12665)

Anfahrt ÖPNV
Bis Bonn Hbf., von dort mit der U 66 bis Haltestelle Vilich,
etwa 10 Minuten Fußweg über die Gartenstraße und Adelheidisstraße

Essen + Trinken
Straußwirtschaft
Mai–Okt.

Die Bibliothek

Burg Lede

Anlage

Der Zugang zur Burg erfolgt durch ein massives Tor. Zum kleinen Innenhof gelangt man über eine Rundbogenbrücke, die den ehemaligen Wassergraben überspannt, der heute aber trockengelegt ist. Hier war früher vermutlich eine Zugbrücke angebracht. Die dreiflügelige, gotische Burg wurde auf einem viereckigen Grundriss erbaut und besitzt drei Geschosse. Sie wurde aus massivem Bruchstein gebaut; bis heute sind die Scharten im unteren Wohnbereich erhalten. Vom kleinen Eingangsbereich sind die relativ hohen und hellen Räumlichkeiten im Erdgeschoss sowie das Treppenhaus zu erreichen. An der Südseite befindet sich ein schmaler Vorbau, der in der zweiten Etage ganz verglast ist. Mit ihren rot-weißen Holzblenden an manchen Fenstern ist die Burg ein richtiger Blickfang.

Geschichte

Burg Lede war ursprünglich ein frühmittelalterlicher Wohnturm, der im 14. Jahrhundert von seinem Besitzer, Ritter Johann Schillinck von Vilich, zu einer gotischen Wasserburg ausgebaut wurde. Nach seinem Tod wechselte die Burg oft ihre Eigentümer, mehrere Adelsfamilien gaben sich die sprichwörtliche Klinke in die Hand. Im Laufe der Zeit verfiel die Anlage dann mehr und mehr zu einer Ruine, die im 18. Jahrhundert durch das Stift Vilich übernommen wurde. Fast ein halbes Jahr-

In den 1930er-Jahren ging sie dann an die Grafenfamilie Berghe von Trips über. Der Zweite Weltkrieg änderte erneut die Besitzverhältnisse, als nach der deutschen Kapitulation in der Burg ein britisches Kommandoquartier eingerichtet wurde und sie dem damaligen englischen Außenminister Lord Carrington als Residenz diente. Seit 1987 ist die westfälische Adelsfamilie von Loë Eigentümer.

Heutige Nutzung

Die Burg befindet sich im Privatbesitz und ist daher nur von außen zu bewundern. Während einer Weinprobe gewähren die Eigentümer aber gern Einblicke in die Küche, die Bibliothek oder das sogenannte Höfchen. Die Weinhandlung bietet eine große Auswahl an Produkten mit Spitzenqualität, zu denen neben Wein, Champagner und Hochprozentigem auch Olivenöle und Essige gehören. In der Saison lockt eine Straußwirtschaft mit gemütlicher Gastlichkeit und feinen Tropfen.

hundert blieb sie in gläubiger Hand – bis zur Säkularisierung. Danach fiel die Burg an den preußischen Staat, von dem sie ein Kölner Bankier im Jahr 1820 erwarb. In der wechselvollen Geschichte der Burg folgte der deutsche Ingenieur und Unternehmer Otto Weinlig als Eigentümer, der sie zu einem historisierenden Landhaus mit schönem Garten erweitern ließ. Anfang des 20. Jahrhunderts bekam die Burg zum ersten Mal den Beinamen Lede, der wahrscheinlich auf den Lehm im hiesigen Boden zurückzuführen ist.

Garten

Der einstige Besitzer Otto Weinlig legte ihn nach englischem Vorbild an. Er ist zwar recht klein, verfügt aber über einen Teich und präsentiert eine große Pflanzen-Vielfalt. Neben Bäumen und Ziersträuchern zeigt sich in den Sommermonaten ein farbenprächtiges Blumenfeld, welches für einen Englischen Garten typischerweise nicht in geometrischen Beeten eingepflanzt wurde. Die Grünanlage ist auch als Ort für die Kunst konzipiert: Zahlreiche Skulpturen und Objekte lockern sie auf.

Tipps + Termine
Regelmäßige **Kochevents** und **Weinproben** sorgen für Geschmacksreisen durch Italien, Spanien, Frankreich, Deutschland und Österreich.
➤ www.geburgenheit.de

Außerdem stehen die stilvollen Räume für verschiedene **Veranstaltungen** wie Hochzeiten, Familien- und Firmenfeiern zur Verfügung.

Doppelkirche Schwarzrheindorf

Vilicher Bürgermeister, Leonard Stroof, und seiner Familie nicht nur als Amtssitz, sondern auch als Wohnhaus genutzt. Die Innenräume konnten nahezu ohne Veränderung bis heute erhalten werden: Die Wanddekorationen aus farbenprächtigen Malereien, die Paneele, die ehemalige Steinküche und die steinerne Wendeltreppe, die in den Keller führt – sie alle vermitteln den Eindruck, als wäre die Zeit seit dem 19. Jahrhundert stehen geblieben. Heute wird das Gebäude vom *Denkmal- und Geschichtsverein Bonn-Rechtsrheinisch e.V.* als **Begegnungsstätte Stroof-Kolleg** genutzt, in dem unter anderem ein Denkmalarchiv des Bezirks Beuel untergebracht ist und Workshops angeboten werden.

Auf der Adelheidisstraße treffen wir außerdem auf einige steinerne **Torbögen,** die aus der Zeit der Romanik und Gotik stammen. Sie sind teilweise Relikte aus der Mauer, die früher den Kirchhof rahmte, und fügen sich heute har-

① Schwarzrheindorf
(1 km von Burg Lede)

Der Bonner Stadtteil Schwarzrheindorf/Vilich-Rheindorf besticht mit weiteren alten und sehenswerten Bauwerken. Unbedingt einen Besuch wert ist das **Bürgermeister-Stroof-Haus.** Das zum Teil aus Fachwerk bestehende Gebäude wurde auf Fundamenten aus dem 15. Jahrhundert errichtet und erhielt sein heutiges Aussehen als **spätbarockes Bauwerk** um 1800. Es wurde von dem ersten

Kunst + Kultur
- **Schwarzrheindorf/Vilich-Rheindorf**
  ➤ www.bonn.de
- **Bürgermeister-Stroof-Haus**
  Adelheidisstraße 3, 53225 Bonn, Tel. (02 28) 77-49 17 o. 77-49 18, Di. u. Fr. 15–18 Uhr, Eintritt frei, Vorträge jeden 4. Do. 19.30–22 Uhr
- **Torbögen Adelheidisstraße**
  Adelheidisstraße, 53225 Bonn
- **Doppelkirche Schwarzrheindorf**
  Dixstraße 41, 53225 Bonn

monisch in das Ortsbild ein.

Wahrzeichen des Orts ist ein romanisches Sakralbauwerk: Die **Doppelkirche Schwarzrheindorf,** von der die Oberkirche der heiligen Gottesmutter Maria und die Unterkirche dem heiligen Clemens geweiht ist, wurde im 12. Jahrhundert auf einem kreuzförmigen Grundriss errichtet. Den Bau veranlasste der Kölner Erzbischof Arnold II. von Wied zusammen mit seiner Schwester, der Essener Äbtissin Hadwig von Wied. Sie war auch verantwortlich für die Etablierung des **Benediktinerinnenklosters,** das sich im oberen Teil des Bauwerks befand. Die Doppelkirche besticht durch einen großen **Vierungsturm,** der über dem gesamten Bau in die Höhe ragt. Die beiden Kirchen befinden sich übereinander und sind durch eine achteckige Öffnung miteinander verbunden, sodass man von einem Raum in den anderen blicken kann. Von außen wirkt das Gotteshaus schlicht und bescheiden, doch die Innenausstattung ist prächtig: Die Wandmalereien sind prunkvoll und farbenfroh. Die **romanischen Fresken** wurden erst im 19. Jahrhundert entdeckt und freigelegt, sie zeigen unter anderem auch die beiden Stifter des Bauwerks. Das Zentrum der Malkunst bildet die Majestas Domini, die Christus auf dem Thron zeigt, umgeben von den vier Evangelisten.

❷ Siegaue

(4 km von Burg Lede)

Bei schönem Wetter bietet sich ein Ausflug zur **Siegaue** an, wo wir herrlich spazieren gehen und mit der Siegfähre auf die andere Seite übersetzen können. Schon im 18. Jahrhundert holte hier ein Fährmann über; heute ist sie die **einzige Einmann-Personenfähre in ganz Deutschland.** Seit 2005 ist das Schiff St. Adelheid im Einsatz und bei Wanderern sowie Radfahrern sehr beliebt. Gleiches gilt für das traditionsreiche Familienlokal **Zur Siegfähre.** Die Geschichte der Gaststätte begann 1923, seit 40 Jahren wird sie von Familie Adscheid betrieben und lockt immer viele Gäste an. Warme wie kalte Speisen stehen zur Auswahl und lassen sich mit Blick auf den Fluss genießen.

Info
Zur Siegfähre, Zur Siegfähre 7, 53844 Troisdorf, Tel. (02 28) 47 55 47, Apr.–Okt. Di.–Sa. 9.30–23.30, So. 9–23.30 Uhr
➤ www.siegfaehre.de

Siegfähre

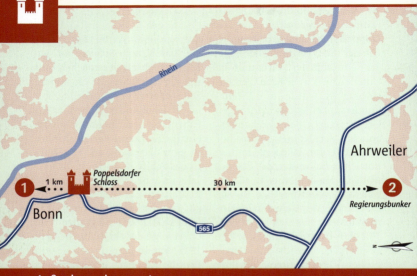

Außerdem sehenswert

1 Bonn ➤ S. 20   **2** Regierungsbunker ➤ S. 21

Poppelsdorfer Schloss

Meckenheimer Allee 171, 53115 Bonn, Tel. (02 28) 73 27 61

Botanische Gärten
Apr.–Okt. Mo.–Fr. u. So. 10–18, Nov.–März Mo.–Fr. 10–16 Uhr
Eintritt frei, So. 2 €
➤ www.botgart.uni-bonn.de

Mineralogisches Museum
Mi. u. Fr. 15–18, So. 10–17 Uhr, 2,50 €
➤ www.steinmann.uni-bonn.de/museen/mineralogisches-museum

Goldfuß-Museum
Mo.–Fr. 9–16, So. 13–17 Uhr, Eintritt frei
➤ www.steinmann.uni-bonn.de/museen/goldfussmuseum

Anfahrt PKW
A 565, AS 7; Parkmöglichkeiten direkt in Schlossnähe
(GPS: 50.72458, 7.09091)

Anfahrt ÖPNV
Bis Bonn Hbf., links über die Quantiusstraße zur Poppelsdorfer Allee

Poppelsdorfer Schloss

Anlage

Das rechteckige, vierflügelige Schloss umschließt einen runden Hof mit einer nach innen gerichteten Arkadengalerie. Herausragende Mittelpavillons sind mit den für den Barock typischen, geschweiften Hauben gekrönt. Die Eckbauten und Zwischengebäude sind hingegen mit Mansardendächern versehen. Das Schloss ist zum Rhein hin auf das Kurfürstliche Schloss sowie in die entgegengesetzte Richtung auf die Wallfahrtskirche auf dem Kreuzberg ausgerichtet. Eine breite, prachtvolle Kastanienallee, die Poppelsdorfer Allee, bildet die Verbindung zwischen beiden Schlössern. Ursprünglichen Planungen zufolge sollte in der Mitte der Allee ein Kanal verlaufen, was aber aus Wassermangel nie realisiert wurde. Und so prägt eine Grünfläche die Straße, die an beiden Seiten von Spazierwegen und prächtigen Kastanienbäumen begleitet wird. Weiße Holzbänke und historisch gestaltete Straßenlaternen sorgen für eine nostalgische Stimmung.

Geschichte

Das Poppelsdorfer Schloss, benannt nach dem gleichnamigen Bonner Stadtviertel, in dem es sich befindet, wurde auf Geheiß des Kölner Erzbischofs Joseph

Clemens Kajetan von Bayern zu Beginn des 18. Jahrhunderts erbaut. Die ursprünglich vorhandene gotische Wasserburg wurde im Truchsessischen Krieg Ende des 16. Jahrhunderts zerstört. Mit der Planung des Schlosses wurde der französische Baumeister Robert de Cotte beauftragt, der bereits eine Palastkapelle und ein Lustschloss im Park von Versailles erbauen ließ. Hier in Bonn entwarf er mit dem Poppelsdorfer Schloss eine repräsentative Barockanlage. Kurfürst Joseph Clemens Kajetan von Bayern erlebte die Fertigstellung seines Baus jedoch nicht mehr: Das Schloss war erst rund zwei Jahrzehnte nach seinem Tod, im Jahr 1740, vollständig

errichtet. Um die Vollendung und den weiteren Ausbau kümmerte sich sein Nachfolger Erzbischof Clemens August. Im 19. Jahrhundert fiel die Anlage an den preußischen Staat. König Friedrich Wilhelm III. gründete am 18. Oktober 1818 die Rheinische Friedrich-Wilhelms-Universität und stellte ihr das Poppelsdorfer Schloss als Sitz zur Verfügung. Bei einem Bombenangriff während des Zweiten Weltkriegs wurde die Anlage stark beschädigt. Der darauffolgende Wiederaufbau in den 1950er-Jahren führte zu wesentlichen Veränderungen; nicht alle Elemente konnten in den Originalzustand zurückversetzt werden.

Heutige Nutzung

Die Rheinische Friedrich-Wilhelms-Universität Bonn ist nach wie vor Eigentümer des Schlosses und unterhält in den Räumlichkeiten verschiedene Institute. Außerdem sind hier das paläontologische Goldfuß-Museum sowie das Mineralogische Museum untergebracht, in dem vier Säle Ausstellungen über mineralische Rohstoffe, Gesteine und Mineralien bereithalten. Das Goldfuß-Museum beherbergt die interessante Welt der Fossilien. Die Sammlung wird in Vitrinen aus dem Jahr 1910 präsentiert und ermöglicht dadurch auch einen Blick auf das Ambiente eines Museums von vor mehr als 100 Jahren.

Garten

Zum Poppelsdorfer Schloss gehören große Botanische Gärten, die ganzjährig geöffnet und für jeden zugänglich sind. Sie sind Nachfolger einiger früherer Anlagen, die bereits 1818 gegründet wurden und wissenschaftlichen Zwecken dienten. Heute erstrecken sich die Gärten auf einer Fläche von 13 Hektar und bestehen aus einzelnen Anlagen mit einzigartigen Pflanzenbeständen. So wartet das Arboretum mit einer großen Sammlung verschiedener Bäume und Sträucher, wie beispielsweise der Pekan- oder Bitternuss, auf. Auch die seltene Riesenlilie beeindruckt zahlreiche Besucher, ihre Anpflanzung

In den Botanischen Gärten

in Bonn kann als Erfolg gewertet werden. In der Geografischen Abteilung treffen wir auf Pflanzen, die nach ihrer Herkunft eingeordnet werden, in der Systematischen Abteilung erblühen die Pflanzen hingegen nach Klassifizierungen in ihren Beeten – dieser Bereich dient den Studenten zu Forschungszwecken. Die Anlage verfügt außerdem noch über Gewächshäuser, wie beispielsweise das Farnhaus, in dem neben Farnen auch Orchideen wachsen. Das Regenwaldhaus beherbergt hingegen tropische Gewächse wie Bananenbäume und Bambusse. Im Sukkulentenhaus trifft man auf die interessante Welt der Wüstenpflanzen.

Tipps + Termine

Im Innenhof des Schlosses finden in den Sommermonaten Konzerte der klassischen Musik statt, die als **Poppelsdorfer Schlosskonzerte** über die Stadtgrenzen hinaus bekannt sind und von der Klassischen Philharmonie Bonn veranstaltet werden.

➤ www.klassische-philharmonie-bonn.de

Wer lieber auf florale Entdeckungsreise geht, sollte unbedingt an einer **Führung durch die Botanischen Gärten** teilnehmen. Apr.–Okt. So. 15 Uhr, 3 € zzgl. zum Eintritt

➤ www.freunde.botgart.uni-bonn.de/fuehrung.php

❶ Bonn

(1 km vom Poppelsdorfer Schloss)

Als ein Wahrzeichen Bonns gilt das **Münster St. Martin**: eine dreischiffige, romanische Basilika aus dem 11. Jahrhundert. Bereits im 12. Jahrhundert erweiterte man das Bauwerk um einen großzügigen **Kreuzgang** an der Südseite sowie um eine **Apsis** und zwei Türme an der Ostseite. Über dem Bau erhebt sich der achteckige, über 80 Meter hohe **Vierungsturm,** der im frühen 13. Jahrhundert errichtet wurde und in dem sich acht Glocken befinden. Wegen der Umbauten und Erweiterungen zeichnet sich das Bauwerk durch romanische und gotische Eigenschaften aus, während der Innenraum eher von Barockelementen geprägt ist. Friedrich III. von Österreich sowie Karl von Mähren (Karl IV.) wurden hier im 14. Jahrhundert zum deutschen König gekrönt. Die Kirche ist Grabstätte von vier Kölner Erzbischöfen: Engelbert II. von Falkenburg, Siegfried von Westerburg, Heinrich II. von Virneburg und Ruprecht von der Pfalz.

Auf dem 161 Meter hohen Kreuzberg liegt die **Kreuzbergkirche** aus dem 17. Jahrhundert mit der sogenannten **Heiligen Stiege,** gestiftet von Kurfürst Clemens August Kajetan von Bayern. Sie bezieht sich auf die heilige Treppe in Rom, die Jesus auf dem Weg zum Gericht von Pilatus bestiegen haben soll. Das Bonner Gebäude zeigt außerdem Ähnlichkeiten mit der Scala Sancta auf dem Lateran in Rom. Rund um das Gotteshaus sind noch Teile eines **Kreuzwegs** erhalten.

Wem der Sinn nach Kunst

Kunst + Kultur
- **Bonn,** Bonn-Information, Windeckstraße 1, 53111 Bonn, Tel (02 28) 77 50 00
  ➤ www.bonn.de
- **Münster St. Martin**, Münsterplatz, 53111 Bonn, Tel. (02 28) 9 85 88-0,
  Mo.–Sa. 9–19, So. 9–20 Uhr, Eintritt frei ➤ www.bonner-muenster.de
- **Kreuzbergkirche,** Stationsweg 21, 53127 Bonn, Tel. (02 28) 2 89 99-0,
  tägl. 9–18, im Winter 9–17 Uhr ➤ www.kreuzberg-bonn.de
- **Museumsmeile Bonn** ➤ www.bonn.de
- **Beethoven-Haus Bonn**, Bonngasse 18–26, 53111 Bonn,
  Tel. (02 28) 9 81 75 25, Apr.–Okt. Mo.–Sa. 10–18, So. 11–18, Nov.–März
  Mo.–Sa. 10–17, So. 11–17 Uhr, 5 € ➤ www.beethoven-haus-bonn.de

Essen + Trinken
- **Brauhaus Bönnsch,** Sterntorbrücke 4, 53111 Bonn, Tel. (02 28) 65 06 10,
  Mo.–Do. 11–1, Fr. u. Sa. 11–3, So. 12–1 Uhr ➤ www.boennsch.de
- **Kugelfisch Sushibar,** Clemens-August-Straße 20–22, 53115 Bonn
  Tel. (02 28) 5 20 93 98, Mo.–Sa. 12–23, So. 17–23 Uhr
  ➤ www.kugelfisch-sushi.de

Kreuzbergkirche

zur Welt, heute ist ihm mit zwei Gebäuden und einem Garten ein Museum gewidmet. Echte Bonner Bierbrau-Kunst erlebt man im **Bönnsch,** wo selbiges auch getrunken wird. Hier geht es herzlich rustikal zu. Wer es exotischer mag, sollte die japanische Küche in der **Kugelfisch Sushibar** genießen. Frische Zutaten, auf originelle Art zubereitet, garantieren ein fernöstliches Geschmackserlebnis.

❷ Regierungsbunker
(30 km vom Poppelsdorfer Schloss)

Der **Regierungsbunker** bei Ahrweiler, erbaut zwischen 1960 und 1972, ist ein ehemals geheimer Bunker, der der damaligen Regierung im Falle eines Atomkrieges dienen sollte. Heute befindet sich darin eine **Dokumentationsstätte,** die die Geschichte des Kalten Kriegs veranschaulicht. Zu besichtigen sind beispielsweise die Küche, das bunkereigene Krankenhaus und der geplante Wohnraum des Kanzlers.

und Kultur steht, findet auf der **Museumsmeile** an der B 9 gleich fünf Häuser mit spannenden Ausstellungen. Naturfreunde bevorzugen das Zoologische **Forschungsmuseum Alexander Koenig,** historisch Interessierte das **Haus der Geschichte der Bundesrepublik Deutschland.** Technische Erfindungen und wissenschaftliche Experimente lassen sich im **Deutschen Museum Bonn** bestaunen, während das **Kunstmuseum Bonn** und die **Kunst- und Ausstellungshalle der Bundesrepublik Deutschland** bedeutende Meisterwerke bereithält. Abseits der Magistrale informiert das **Beethoven-Haus Bonn** über Leben und Wirken des weltberühmten Komponisten. 1770 kam er hier in einer kleinen Wohnung

Info
Dokumentationsstätte
Regierungsbunker
Am Silberberg 0
53474 Bad Neuenahr-Ahrweiler
Tel. (0 26 41) 9 11 70 53
Mi., Sa. u. So. 10–18 Uhr
(im Winter nur angemeldete
Gruppen), 8 €
➤ www.regbu.de

Außerdem sehenswert

1 Königswinter ➤ S. 28   **2** Bundeskanzler-Adenauer-Haus ➤ S.31

Schloss Drachenburg

Drachenfelsstraße 118, 53639 Königswinter, Tel. (0 22 23) 90 19 70
Apr.–Okt. Di.–So. 11–18 (Schulferien auch Mo.)
Nov.–März Sa. u. So. 12–17 Uhr
6 €, Kombiticket für Drachenfelsbahn, Schloss Drachenburg
und Nibelungenhalle 16 €
➤ www.schloss-drachenburg.de

Anfahrt PKW
A 59, weiter auf der B 42; Parkplatz am Lemmerzbad im Oberweingartenweg,
etwa 10 Minuten Fußweg (GPS 50.67258, 7.20290)

Anfahrt ÖPNV
Mit dem RE 8 oder RB 27 bis Königswinter Bf. bzw. mit Stadtbahn 66
bis Haltestelle Königswinter, Clemens-August-Straße sowie Königswinter,
Fähre, 30 Minuten Fußweg über den Eselsweg oder mit der Drachenfelsbahn
bis zur Mittelstation

Essen + Trinken
Café in der Vorburg

Blick vom Drachenfels

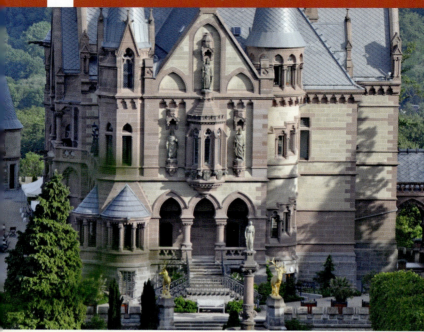

Schloss Drachenburg

Anlage

Gleichwohl Schloss Drachenburg zweifellos architektonische Merkmale von Schlössern und Burgen aufweist, ist es im Grunde nur eine prunkvoll errichtete Privatvilla. Sie vereint unterschiedliche Baustile früherer Epochen und ist damit ein Paradebeispiel für den Eklektizismus: Schmale Erker und hohe Türme, die früher in Wehrbauten zu finden waren, sprechen für die Zeit des Mittelalters. Kreuzrippengewölbe, Spitzbögen oder teilweise auch erhaltene Maßwerke an Fenstern sind charakteristisch für die Gotik. Das prachtvolle Treppenhaus – das eigentliche Zentrum des Schlosses – verweist auf den Barock. Buntglasfenster lassen das Licht in herrlichen Farbspielen einfallen, die hohen Wände sind mit zahlreichen Gemälden geschmückt. Sie wurden unter anderem von Friedrich von Keller und Carl Rickelt gemalt und stellen die Geschichte Deutschlands sowie die des Schlosses dar. Die einzelnen Räumlichkeiten sind mit aufwendigen Wandmalereien gestaltet und zeigen zum Beispiel Szenen aus dem Nibelungenlied und Motive der Jagd. Das Kneipzimmer, das den Herren als Gesellschaftsraum diente, widmete Maler Hermann Schneider ganz dem Weingott Bacchus.

Da das 19. Jahrhundert eine Zeit des technischen Fortschritts und Umbruchs war, sind in Schloss Drachenburg auch Spuren der Industrialisierung zu finden: Gaslampen erhellten und beheizten das Bauwerk. Dazu wurden die damals typischen Materialien wie Eisen oder Stahl geschickt in die Schlossarchitektur eingebunden, wie die massiven Stahlträger im Dachgeschoss beweisen.

Geschichte

Schloss Drachenburg wurde 1882 in nur 2 Jahren erbaut. Es sollte dem in Paris lebenden und aus Bonn stammenden Bankier Stephan von Sarter als repräsentativer Wohnsitz dienen. Mit dem damals 1,7 Millionen Mark teuren Bau wurden zwei bekannte Düsseldorfer Architekten, Leo von Abbema und Bernhard Tüshaus, sowie Wilhelm Hoffmann – Schüler des Kölner Dombaumeisters Ernst Friedrich Zwirner – beauftragt. Obwohl die Drachenburg noch ein verhältnismäßig junges Bauwerk ist, zeichnet sie sich durch eine bewegte Vergangenheit aus. Bauherr Stephan von Sarter konnte das prunkvolle Schloss selbst nie beziehen. Nach seinem Tod im Jahr 1902 plante sein Neffe Jakob Hubert Biesenbach schon früh, das Gebäude als Touristenattraktion weiterzuführen. Dafür ließ er zahlreiche Umbauten durchführen und errichtete im Garten, den er mit Nadelbäumen und einem Wildgehege bereicherte, Blockhäuser, die als Ferienwohnungen dienen sollten. Ein Restaurant sowie eine Kunstverkaufshalle ergänzten das Angebot.

Die Pläne des darauffolgenden Eigentümers Offizier a. D. Egbert von Simon, der das Bauwerk 1910 erwarb, das

Schloss in einen Vergnügungspark umzugestalten, verhinderte der Ausbruch des Ersten Weltkriegs.

Als neue Besitzer folgten zu Beginn der 1920er-Jahre zuerst der Frauenverein des Deutschen Roten Kreuzes, der ein Kurheim darin eröffnete, und danach die Christlichen Schulbrüder, die das Schloss zu einem Jungeninternat umbauten. Die prachtvollen Räume wurden in Klassenzimmer verwandelt und die ursprüngliche Kunsthalle diente als Kapelle. Während des Zweiten Weltkriegs wurde die christliche Schule von den Nationalsozialisten geschlossen und eine linientreue Kaderschule eingerichtet. Dabei wurden zum Teil historische Schlosselemente entfernt und durch schlichte Ausführungen ersetzt. So wich beispielsweise die elegant geschwungene, doppelläufige Eingangstreppe einfachen, durchgehenden Stufen. Der Krieg hinterließ durch den Beschuss der Alliierten deutliche Spuren am Gebäude. Besonders die Zerstörung der kostbaren Buntglasfenster in den Repräsentationsräumen und der Kunsthalle waren große Verluste. Das Schloss wurde anschließend kampflos durch amerikanische Truppen besetzt und diente ihnen kurzzeitig als Oberkommandostelle. Später wurden die Räumlichkeiten zu Flüchtlingsquartieren umfunktioniert. In den ersten Jahren der jungen Bundesrepublik verfiel das Schloss zusehends, weshalb sogar Pläne für einen Abriss existierten. Für die engagierten Königswinterer war Schloss Drachenburg aber ein wichtiges Kulturgut der Region, das unbedingt erhalten werden musste. Doch erst Anfang der 1970er-

Jahre verhalf Paul Spinat, Textilunternehmer aus Bonn, durch aufwendige Renovierungsarbeiten dem Schloss zu seinem alten Glanz. Er ließ die Anlage neu ausstatten und gab jungen Künstlern die Möglichkeit, die zerstörten Wandmalereien zu ergänzen. Das Jahr 1986 war für Schloss Drachenburg von großer Bedeutung: Nach kaum mehr als 100 Jahren bewegter Vergangenheit wurde es unter Denkmalschutz gestellt. Seitdem kümmert sich die NRW-Stiftung um die Restaurierung und Sanierung des Gebäudes.

Heutige Nutzung

Die repräsentativen Räume, die sich im Erdgeschoss befinden, können ohne Führung besichtigt werden. Zu ihnen zählen der stilvoll eingerichtete Empfangssaal, das Speisezimmer, die Bibliothek, die Kunsthalle, das Billardzimmer und das Nibelungenzimmer. In der oberen Etage befinden sich die Privaträume, die aus mehreren Arbeits-, Schlaf- und Gästezimmern bestehen. Dieser Bereich ist im Rahmen einer öffentlichen Führung zu besichtigen. Zudem beherbergt das Stockwerk auch einen Musiksaal, in dem Paul Spinat Orgelkonzerte inszenierte, ohne auch nur einen Ton selbst zu spielen: Zur Musik vom Band schlug er so beherzt in die Tasten, dass seinen Zuhörern kein Zweifel an seinem Können aufkam. Heute wird der Raum für gesellschaftliche Zwecke genutzt. Wer schwindelfrei ist, sollte unbedingt über die steile Wendeltreppe den Turm erklimmen, denn die Aussicht von dort oben über das weite Rheintal ist schlicht atemberaubend. Sogar der Kölner Dom ist bei gutem Wetter zu sehen. In der Vorburg ist das Museum zur Geschichte des Naturschutzes untergebracht, das ausführlich über dessen Entwicklung sowie die Region informiert – immerhin ist das Siebengebirge eines der ältesten Naturschutzgebiete Deutschlands. Hier bietet sich auch das Café für eine kleine Rast an; Kaffee und Kuchen und herzhafte Speisen stehen auf der Karte.

Park

Schloss Drachenburg wird von einem herrlichen Park umgeben, der ein schönes Beispiel der Gartenkunst darstellt. Er gehört der länderübergreifenden Touristikroute *Straße der Gartenkunst* an, die zwischen Rhein und Maas verläuft. Die Grünanlage, in der Tannen, Fichten, Thujen und Kiefern weitläufige Rasenflächen umrahmen, grenzt un-

---

Tipps + Termine

Öffentliche Führung durch die Privaträume, jede volle Stunde, 2,50 € zzgl. zum Eintritt.

Themenführung (Sa. u. So. 15 Uhr, 4–6 € zzgl. zum Eintritt) z. B.

- **Zeitgeist:** In historischen Kostümen entführen Fach- und Ortskundige auf unterhaltsame Weise in den Alltag des 19. Jahrhunderts.
- **Gänseblümchen und Mammutbäume:** Die Blumen und Bäume rund um das Schloss werden unter die Lupe genommen.

Wanderungen und Workshops z. B. **Nachtwanderung** durch Schloss, Park und das nahe gelegene Nachtigallental, 20 €
➤ www.schloss-drachenburg.de

Die Drachenfelsbahn

mittelbar an das Schloss an. Sträucher trennen diesen Bereich von einem kleinen Wäldchen, das hauptsächlich aus Laubbäumen besteht. Ein verzweigtes Wegenetz lädt zu ausgedehnten, entspannenden Spaziergängen durch den Park ein. Am Südrand des Schlosses erstreckt sich eine große Terrasse, die nach der römischen Liebesgöttin Venus benannt ist und einen Ausblick in das Rheintal ermöglicht; etwas abgelegen und gut versteckt liegt der sogenannte Liebesgarten mit Brunnenanlage.

Ruine Drachenfels

❶ Königswinter

(4 km von Schloss Drachenburg)

Schloss Drachenburg liegt auf halbem Weg zum Gipfel des beliebten Ausflugsbergs Drachenfels, auf dem sich die mittelalterliche **Burgruine Drachenfels** befindet. Wer nicht wandern möchte, wählt eine Fahrt mit der **Drachenfelsbahn,** die schon seit 1882 Besucher auf den Gipfel bringt. Für Kinder sind natürlich die Esel die beliebteste Art der Fortbewegung. Obwohl der Berg mit 321 Metern nicht sehr hoch ist, bietet sich von der Aussichtsterrasse ein herrlicher Blick über die Rheinlandschaft. Die Burg, deren Ideengeber der Kölner Erzbischof Arnold I. war, wurde im 12. Jahrhundert erbaut und war Teil einer Wehranlage. Sie wurde aus dem hiesigen vul-

kanischen Gestein Trachyt errichtet und als Lehen bis ins 19. Jahrhundert von mehreren Burggrafen verwaltet. Durch ihre strategisch günstige Lage wurde sie seit dem 15. Jahrhundert oftmals belagert, was zur fortschreitenden Zerstörung führte. Hinzu kam der sukzessive Abbau des Bergs, dessen Trachytgestein zum Beispiel für den Kölner Dom verwendet wurde. Das **Restaurant Drachenfels** auf dem Plateau wurde aufwendig umgestaltet und bietet rheinische Gerichte zur grandiosen Aussicht.

Wieder talwärts serviert das **Weinhaus Winzerhäuschen** gutbürgerliche Küche und geschmackvolle Weine aus der Region. Die Terrasse mit Blick auf den Rhein und die Weinberge ist bei Sonnenschein der ideale Platz für eine Rast.

Weiter bergab zeigt die im Jugendstil erbaute **Nibelungenhalle** unter anderem einen Gemäldezyklus von Hermann Hendrich, der passend zur Wagner-Oper *Der Ring der Nibelungen* entworfen wurde. Der junge Siegfried soll hier am Drachenfels, so die Sage, das Ungeheuer erschlagen haben, um mit dessen Blut unverwundbar zu werden. Während in der Drachenhöhle eine 13 Meter lange Nachbildung ruht, wartet der **Reptilienzoo** mit quicklebendigen Schlangenarten sowie Kaimanen und Krokodilen auf.

Am Fuße des Bergs lockt die Stadt **Königswinter** mit Fachwerkhäusern aus dem 17. Jahrhundert. Im **Sea Life Center** direkt am Rhein können wir auf über 2000 Quadratmetern in 36 Becken mehr als 120 Tierarten aus dem Unterwasserreich betrachten. Ein verglaster Tunnel führt durch die Tiefen des Ozeans, während das Berührungsbecken einen wahrhaft hautnahen Kontakt zu Krabbe, Seestern und Anemone erlaubt.

Das **Weinhaus Jesuiter Hof** lädt zu einem Schoppen Drachenfelswein und deftigen Spei-

Die Nibelungenhalle

Weinhaus Winzerhäuschen

Kunst + Kultur

- **Burgruine Drachenfels**
- **Nibelungenhalle,** Drachenfelsstraße 107, 53639 Königswinter, Tel. (0 22 23) 2 41 50, März–Nov. tägl. 10–18, Dez.– März Sa. u. So. 11–16 Uhr, 5 € ➤ www.nibelungenhalle.de
- **Königswinter,** Tourismus Siebengebirge, Drachenfelsstraße 51, 53639 Königswinter, Tel. (0 22 23) 91 77 11 ➤ www.siebengebirge.com
- **Sea Life Center,** Rheinallee 8, 53639 Königswinter, Tel. (0 22 23) 29 70, Jan.–März u. Okt.–Dez. Mo.–Fr. 10–17, Sa. u. So. 10–18, Apr.–Okt. tägl. 10–18 Uhr, 14,50 € ➤ www.visitsealife.com/Konigswinter
- **Abtei Heisterbach,** Heisterbacher Straße, 53639 Königswinter, Tel. (02 11) 9 26 93 55 ➤ www.abtei-heisterbach.de

Essen + Trinken

- **Restaurant Drachenfels,** Auf dem Drachenfels, 53639 Königswinter, Tel. (0 22 44) 9 27 79 04, Sommer tägl. ab 10, Winter Sa./So. 11–18 Uhr ➤ www.der-drachenfels.de
- **Weinhaus Winzerhäuschen,** Drachenfelsstraße 100, 53639 Königswinter, Tel. (0 22 23) 2 14 69, Di.–So. ab 11 Uhr ➤ www.weinhaus-winzerhaeuschen.de
- **Weinhaus Jesuiter Hof,** Hauptstraße 458, 53639 Königswinter, Tel. (0 22 23) 2 26 50, Di.–Sa. ab 16.30, So. ab 11.30 Uhr ➤ www.weingut-pieper.de
- **Restaurant im Haus Schlesien,** Dollendorfer Straße 412, 53639 Königswinter-Heisterbacherrott, Tel. (0 22 44) 8 86-286, Di.–So. 7.30–23 Uhr ➤ www.hausschlesien.info

Klosterruine Heisterbach

sen ein. Das Fachwerkhaus mit seinen urigen Weinstuben und dem lauschigen Rebengarten stammt von 1695 und ist Stammsitz des Weinguts Pieper. Natürlich kann auch für den heimischen Wein-Genuss eingekauft werden.

Etwas abseits des Zentrums, rund 6 Kilometer von Schloss Drachenburg entfernt, befindet sich in einem schönen Tal die Ruine der **Zisterzienserabtei Heisterbach.** Die Kirche wurde 1237 geweiht und war mit 80 Metern Länge eines der beeindruckendsten Bauwerke der Region. Nach der Säkularisation verfiel die Anlage, ab 1809 wurde sie abgetragen. Die Steinquader fanden zum Beispiel beim Bau der Festung Ehrenbreitstein Verwendung. Nur einen Katzensprung weiter liegt das **Haus Schlesien,** das deutsche und polnische Gerichte serviert und als Kultur- und Bildungsstätte fungiert.

S. 82 ▶

❶ Bundeskanzler-Adenauer-Haus

(3 km von Schloss Drachenburg)

Südlich von Königswinter und seinem Schloss bietet sich im Bad Honnefer Ortsteil Rhöndorf die Gelegenheit, das **Bundeskanzler-Adenauer-Haus** zu besuchen. Eine Führung durch das ehemalige Wohnhaus und den angrenzenden Garten beleuchtet das Leben und Wirken des ersten deutschen Bundeskanzlers. In der umfangreichen Ausstellung wird aber nicht nur sein politisches Werk gezeigt – auch einige seiner Erfindungen zur Erleichterung von Gartenarbeit finden hier Beachtung.

Info

Bundeskanzler-Adenauer-Haus
Konrad-Adenauer-Straße 8 c, 53604 Bad Honnef-Rhöndorf, Tel. (0 22 24) 9 21-234, Okt.–Apr. Di.–So. 10–16.30, Mai–Sept. Di.–So. 10–18 Uhr, Eintritt frei ❯ www.adenauerhaus.de

Außerdem sehenswert

1 Linz ➤ S. 37   **2** Erpeler Ley ➤ S. 39

Burg Linz

Burgplatz 4, 53545 Linz, Tel. (0 26 44) 70 21
➤ **www.burg-linz.de**

Folterkammer und **Römische Glashütte**
Jan.–März. Sa. u. So. 10–18, Apr.–Dez. tägl. 10–18 Uhr
2 € bzw. Eintritt frei

Anfahrt PKW
A 59, weiter über die B 42; Parkplatz an der Burg
(GPS 50.56609, 7.27866)

Anfahrt ÖPNV
Mit dem RE 8 oder der RB 27 bis Bf. Linz (Rhein),
etwa 10 Minuten Fußweg, Beschilderung ins Zentrum folgen

Essen + Trinken
Kurfürstliche Burggastronomie Burg Linz am Rhein
tägl. ab 11.30 Uhr

Linz mit Rheintor

Burg Linz

Anlage

Dass Burg Linz früher einmal eine Wasserburg war, lässt sich heute kaum noch erkennen, da der Graben, der sie früher umgab, bei späteren Umbauarbeiten zugeschüttet wurde. Seit dem 18. Jahrhundert besteht sie aus vier zwei- und dreigeschossigen Flügeln, die auf einem rechteckigen Grundriss erbaut wurden und einen kleinen Innenhof umschließen.

Bereits von Weitem ist der große, steinerne Turm zu erkennen, der sich durch seine raue, naturbelassene Fassade deutlich von den strahlend weiß verputzten Gebäuden, die zu großen Teilen aus Fachwerk bestehen, abhebt. Mit seinem runden Rumpf, der in ein achteckiges Obergeschoss übergeht, und der gotischen Spitzhaube erinnert er ein wenig an den Rapunzel-Turm der Gebrüder Grimm. Auch das Innere der Burg versprüht einen märchenhaf-

ten, mittelalterlichen Zauber. Das Turm- und Kaminzimmer sowie der Rittersaal werden heute von der Burggastronomie genutzt und beeindrucken mit einem gemütlichen, historischen Ambiente: Glänzende Schwerter und Schilde, alte Truhen und Rüstungen zieren die Wände.

Geschichte

Nachdem Linz die Stadtrechte zugesprochen wurden, ließ der Kölner Kurfürst Engelbert von der Mark die Burg 1365 an der bereits vorhandenen Stadtbefestigung errichten. Wenig später, als das Zollrecht nach Linz verlegt wurde, diente sie kurzerhand als Zollburg. Allerdings hatte ihr Bau immense Kosten verursacht, was dazu führte, dass sie für einen langen Zeitraum an verschiedene Grafen verpfändet werden musste.

Nachdem Burg Linz in den 1570er-Jahren zusammen mit der Stadt belagert und teilweise zerstört wurde, ließ man zu Beginn des 18. Jahrhunderts zahlreiche Umbauten vornehmen, was aber auch mit der Verlegung der kurkölnischen Oberbehörde nach Linz zusammenhing. Das Äußere der Burg wurde dabei fast vollständig verändert. Nach der Säkularisierung ging sie an das Herzogtum Nassau über, später gelangte sie in den Besitz des preußischen Staates.

In der ersten Hälfte des 20. Jahrhunderts verfiel die Burg, bis sie im Jahr 1950 von der Stadt erworben wurde; 1984 wechselte sie erneut die Eigentümer und kam wieder in Privatbesitz. Die neuen Eigentümer ließen die Burg komplett restaurieren: Seither steht sie als zentraler Anlaufpunkt im Herzen der Linzer Innenstadt Besuchern aus nah und fern offen.

Das Rheintor

Heutige Nutzung

Neben der Restauration in den historischen Räumlichkeiten wartet Burg Linz mit weiteren Highlights auf: Im Verlies gewährt die Folterkammer von 1365 einen Blick auf mittelalterliche Instrumente und zeigt damit die düstere Seite des Mittelalters.

Bunter geht es in der Römischen Glashütte zu, wo Glasbläser alte Handwerkskunst demonstrieren und kunstvolle Unikate herstellen. Im stilvollen Ambiente des Rittersaals verwöhnt die Kurfürstliche Burggastronomie Burg Linz am Rhein mit leckerem Essen à la Carte oder – auf Vorbestellung – einem kulinarischen Ausflug in die Vergangenheit:

Ob rustikales Rittermahl, großes Gelage oder Gesindetafel – hier wird das Essen zum Erlebnis.

Tipps + Termine

Zwei **Gruppenführungen** sind auf Schloss Linz mit Voranmeldung zu buchen:

- Wenn die **Geisterstunde** schlägt, geleitet ein Burgfräulein durch die geheimnisvollen Tiefen der Burg. Es erzählt vom mittelalterlichen Alltag und kennt qualvolle Schicksale aus der Folterkammer. Der „Burggeisttrunk" bringt die Besucher zurück in die Neuzeit. 49 €

- Bei der **Galerieführung** kommt der Besucher den Glasbläsern und ihrer Kunst ganz nah und kann durch die Ausstellung und Verkaufsräume schlendern. 35 € ❯ www.burg-linz.de

Das Rheintor

Marktplatz

❶ Linz

(Unmittelbare Umgebung)

Nun ist es Zeit für einen Besuch der alten Stadt **Linz.** Ursprünglich *Lincesce* genannt, verzaubert sie ihre Gäste mit prächtigen, historischen Fachwerkhäusern aus verschiedenen Jahrhunderten – nicht umsonst wird sie auch *Die Bunte Stadt am Rhein* genannt. Im Herzen der Stadt liegt der **Marktplatz,** auf dem sich das **Rathaus** aus dem 16., der **Ratsbrunnen** aus dem 20. und eine Mariensäule aus dem 19. Jahrhundert befinden. Den Brunnen entwarf und baute 1993 der Aachener Künstler Bonifatius Stirnberg. Die **Mariensäule** markiert die Stelle, an der die Ratskapelle von 1460 stand, die 1870 leider abgerissen wurde. Ganz in der Nähe befindet sich

auch die **Pfarrkirche St. Martin.** Die dreischiffige Pfeilerbasilika in kräftigem Gelb stammt aus dem frühen 13. Jahrhundert und vereint romanische, früh- und spätgotische Bauelemente. Wen die Kirche bereits von außen beeindruckt hat, sollte sich einen Blick auf die kunstvollen Wandmalereien im Inneren nicht entgehen lassen. Gleich nebenan steht das **Vikariehaus St. Michaelis.** Es zählt zu den schönsten Linzer Fachwerkhäusern aus dem 17. Jahrhundert.

Etwas weiter entfernt, auf dem Dr.-Sigmund-Wolf-Platz, steht die ehemalige **Servitessenkirche** aus dem 17. Jahrhundert. Sie diente nur kurze Zeit als Gotteshaus, da sie nach der Säkularisierung von den Franziskanerinnen umgebaut und bis 1983 als Krankenhaus genutzt wurde. An einer Seitenwand

ist mittlerweile ein moderner Anbau installiert, in dem sich heute
das Stadtarchiv befindet. Ebenfalls
sehenswert ist der **Buttermarkt,**
auf dem weiße Pflastersteine den
Mühlenbach kennzeichnen, der
bis 1853 offen durch Linz floss.

An den äußeren Rändern der
Altstadt stößt der Besucher auf
Überreste der Stadtbefestigung aus
dem 14. Jahrhundert: Das **Neutor**
ziert eine Bronzeskulptur eines
„Klapperjungens", die an die Linzer
Tradition erinnert, an den Kar-
Tagen zu Ostern das Glockenläuten
durch Klappern zu ersetzen. Am
Rheintor befand sich früher die

Zollstation; heute lässt sich an den
Hochwassermarken ablesen, wie
weit der Rhein damals über die
Ufer trat. Auch der runde **Pulverturm** war Teil der Stadtbefestigung.

Der **Bacchus-Keller,** direkt gegenüber von Rathaus und Mariensäule, bietet auf zwei Etagen kulinarische Leckerbissen aus Region
und Umland. Bei schönem Wetter
lohnt sich ein Besuch des Bier-
gartens mit Blick auf den Linzer
Marktplatz. Aus dem restaurant-
eigenen Forellenteich können sich
die Gäste ihr Wunsch-Exemplar
direkt zum Verzehr aussuchen –
frischer geht es nicht.

Hausgemachte Kuchen und
Torten serviert **Lohners Kaffeehaus** in einem urigen Fachwerkhaus. Hier ist es so gemütlich, dass
manch einer über Nacht bleiben
möchte – und kann: Das ange-
schlossene Hotel macht es möglich.

Kunst + Kultur
- Linz mit Marktplatz, Rathaus,
  Ratsbrunnen und Mariensäule
  ➤ www.linz.de
- Pfarrkirche St. Martin, Kirchplatz,
  53545 Linz, Tel. (0 26 44) 23 03,
  Mo.–Fr. 12–18, Sa./So. 14–18 Uhr
  ➤ www.linz-kirche-sanktmartin.de
- Vikariehaus St. Michaelis
- Servitessenkirche, Dr.-Sigmund-
  Wolf-Platz, 53545 Linz
- Buttermarkt, Neutor, Rheintor,
  Pulverturm
- Burg Ockenfels, Burgstraße 13,
  53545 Linz

Essen + Trinken
- Bacchus-Keller, Marktplatz 17,
  53545 Linz,
  Tel. (0 26 44) 6 03 04 37,
  tägl. ab 11 Uhr
- Lohners Kaffeehaus, Mittelstraße
  7–11, 53545 Linz, Tel. (0 26 44)
  96 24 12, Mo.–Fr. 6.30–18.30,
  Sa. 6.30–18, So. 7.30–18 Uhr
  ➤ www.die-lohners.de

Erpeler Ley oberhalb der Brücke von Remagen

Etwas außerhalb der Stadt erhebt sich die Höhenburg **Burg Ockenfels,** auch Burg zur Leyen genannt. Im 13. Jahrhundert erbaut, diente sie der adeligen Familie von Leyen als Stammsitz. Mehrfach zerstört blieb die Burg lange Zeit eine Ruine; erst im 20. Jahrhundert wurde sie von einer katholischen Schwesternschaft – den Cellitinnen zur heiligen Maria in Köln – erworben und wieder hergerichtet. Sie baute ein neues **Burghaus** auf den alten Burgfundamenten und richtete ein Erholungs- und Pflegeheim ein. In den darauffolgenden Jahren wechselte Burg Ockenfels noch viele Male ihre Besitzer. Heute befindet sie sich im Privatbesitz und ist daher nur von außen zu bewundern.

Info

Erpeler Ley, Kuthweg, 53579 Erpel

② **Erpeler Ley**

(5 km von Burg Linz)

Mit 191 Metern gehört der nördlich gelegene Basaltfelsen **Erpeler Ley** neben Drachenfels und Loreley zu den markanten Felsformationen des Mittelrheins. Von einem Plateau aus, das man entweder mit dem Auto oder über einen Waldwanderweg erreicht, bietet sich ein atemberaubender Blick über den Fluss sowie die Ortschaften Erpel, Linz und Remagen. Ein **Holzkreuz** am Wegesrand erinnert an die Soldaten, die beim Schutz der Ludendorffbrücke von Remagen ums Leben kamen. Ein Gedenkstein ist **Ferdinand Graf von Zeppelin** gewidmet, der am 2. August 1909 den Jungfernflug seines Luftschiffs wegen schlechter Wetterbedingungen über dem Erpeler Ley abbrechen musste.

◄ S. 28 u. S. 138

◄ S. 47

Außerdem sehenswert

1 Sinzig ➤ S. 45   **2** Friedensmuseum Brücke von Remagen ➤ S. 47

Schloss Sinzig

Barbarossastraße 35, 53489 Sinzig, Tel. (0 26 42) 34 06
Do. 10–12, Sa. u. So. 14–17 Uhr, Eintritt frei
➤ **www.museum-sinzig.de**

Anfahrt PKW
A 61, AS 31, weiter über die A 571 und K 44;
Parkmöglichkeiten am Schloss (GPS 50.54641, 7.24950)

Anfahrt ÖPNV
Mit dem RE 5 oder der MRB 26 bis Bf. Sinzig (Rhein),
etwa 5 Minuten Fußweg über die Barbarossastraße

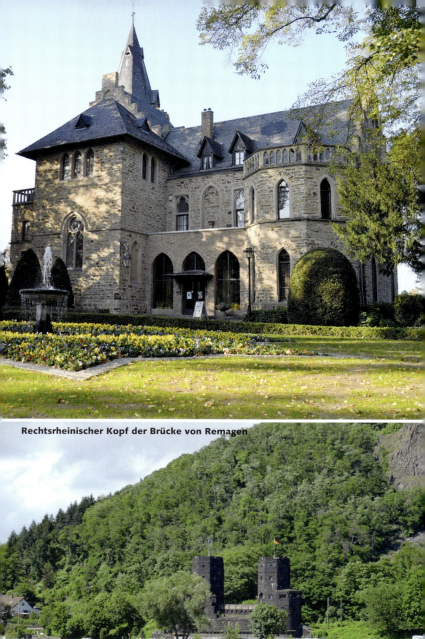

Rechtsrheinischer Kopf der Brücke von Remagen

Schloss Sinzig

Anlage

Die schlossartige Villa zeichnet sich
von außen besonders durch einen vor-
sprungähnlichen Turm aus, der einem
Bergfried ähnelt. Da sie sich etwas abseits der Straße hinter hochgewachs-
enen Baumreihen verbirgt, führt ein
schmaler Weg zum Vorplatz des Schlosses. Besonders in den Sommermonaten
ist die Anlage inmitten des satten
Grüns der Bäume ein wahrer Blickfang.
Die Ähnlichkeit der Villa mit einer Burg
ist durchaus beabsichtigt, auch der
Schieferbruchstein verstärkt den Eindruck.

Das Innere des Schlosses ist vergleichs-
weise modern eingerichtet. Der Keller
diente hauswirtschaftlichen Zwecken,
im Erdgeschoss befanden sich die re-

Hinter dem Schloss

präsentativen Räume, in der oberen Etage die privaten Rückzugsmöglichkeiten für den Schlossherrn sowie die Wohnräume für seine Bediensteten.

Der berühmte Maler der Nazarener Schule Karl Christian Andreae schuf die kostbaren Gemälde und Wandmalereien, die vor allem die Kassettendecke des Salons und das Turmzimmer zieren. Auf eine Leinwand sind die Sinziger besonders stolz: Sie zeigt Friedrich I. Barbarossa, wir er dem Bischof von Trier ein Bergwerksprivileg überreicht. Denn Sinzig kann sich rühmen, zu den wenigen Städten zu gehören, die der Kaiser mehrfach besuchte.

Geschichte

Nach einem Entwurf des Kölner Architekten Vinzenz Statz wurde das Sinziger Schloss zwischen 1854 und 1856, zu Zeiten der Neugotik, erbaut. Damals integrierte man auch das Mauerwerk und Fundament des nördlichen Turms einer mittelalterlichen Wasserburg aus dem Herzogtum Jülich-Berg, die im 17. Jahrhundert während des Pfälzischen Erbfolgekriegs zerstört wurde. Das Kölner Ehepaar Gustav und Adele Bunge erwarb das Grundstück im 19. Jahrhundert und ließ hier seine Sommerresidenz errichten. Für die Gestaltung des Schlossparks war kein Geringerer als Gartenkünstler Peter Joseph Lenné zuständig. Nach dem Tod der Eltern erbte eine der Töchter das Anwesen. Planungen, das Schloss Ende des Zweiten Weltkriegs als Domizil für pflegebedürftige Menschen umzugestalten, wurden nie verwirklicht. Schließlich erwarb die Stadt Sinzig in den 1950er-Jahren die repräsentative

Villa; seit 1956 sind hier das Heimatmuseum sowie ein Trausaal des Standesamtes untergebracht.

Heutige Nutzung

In den prachtvollen Räumlichkeiten
dokumentiert das Heimatmuseum den
Werdegang des Malers Karl Christian
Andreae, der die Villa maßgeblich mit-
gestaltet hat. Seine Zeichnungen und
Gemälde stehen im Dialog zu Werken,
Möbeln und Objekten aus dem 19.
Jahrhundert, geschaffen von Künstlern
der Düsseldorfer Akademie, die von
dem Linzer Sammler Philipp Niederée
zusammengetragen wurden. Dazu gehören Arbeiten von Johann Martin
Niederée, Franz Ittenbach und Joseph
Keller. Alte Gesetzes-, Kräuter- und Re-
zeptbücher sowie historisches Apothe-
kerwerkzeug runden die Ausstellung
ab. Aber natürlich ist auch Wissens-
wertes über die Stadt und Landschaft
ausgestellt. Stahlstiche, Zeichnungen
und Grafiken zur Rheinromantik zeigen
die Entwicklung der Region auf kunstvolle Weise. Herzstück der Sammlung
ist ein von dem Sinziger Künstler Franz
Steinborn entworfenes Stadtmodell
aus dem 17. Jahrhundert. Im ehemaligen Salon werden außerdem Konzerte
der örtlichen Volkshochschule zu jährlich wechselnden Themen veranstaltet.

> **Tipps + Termine**
> Einmal im Monat gewährt eine
> kostenlose **Führung** detaillierte
> und interessante Einblicke in die
> Geschichte der Villa sowie der
> Stadt Sinzig.
> 1. Sa., Eintritt frei
> ➤ www.sinzig-info.de

Sinzig
(Unmittelbare Umgebung)

Sinzig blickt auf eine lange und bewegte Geschichte zurück: Nach keltischer und römischer Besiedlung erlebte die Stadt ihre Blütezeit zwischen dem 12. und 14. Jahrhundert. Damals befand sich hier eine **Kaiserpfalz,** weshalb die Stadt häufig von Hochadeligen besucht wurde. Zu den prominentesten Gästen gehörte Kaiser Friedrich I. Barbarossa, dem die Stadt noch heute ihren Beinamen **Barbarossastadt** verdankt –, was außerdem nur noch Kaiserslautern, Altenburg, Gelnhausen und Bad Frankenhausen von sich behaupten können. In Sinzig erinnert ein großes Reiterdenkmal an den Kaiser. Ebenfalls zu seinen Ehren findet alljährlich der mittelalterliche Barbarossamarkt statt. Hier werden nicht nur mittelalterliche Köstlichkeiten und Kunsthandwerk feilgeboten, auch historisch gewandete Schausteller und Handwerker bieten ihre Arbeit an. Gekrönt wird der Markt von einem unvergesslichen Abendspektakel mit Feuershows und akrobatischen Showkämpfen.

Die historischen Fachwerk- und Backsteinhäuser der **mittelalterlichen Altstadt** sind aber zu jeder Zeit eine Reise wert. Auch die prunkvolle **Pfarrkirche St. Peter** zieht die Blicke auf sich. Die dreischiffige Basilika aus dem 13. Jahrhundert wurde im spätromanischen Stil auf einem kreuzförmigen Grundriss erbaut und besticht durch ihren achteckigen Turm, der von zwei kleineren Türmen flankiert wird. Im Innern befinden sich sechs Glocken, von denen zwei aus dem 13. und zwei aus dem 15. Jahrhundert stammen. Die jüngsten Glocken wurden im 17. und im 20. Jahrhundert angefertigt. Bedeutend ist auch das **gotische Triptychon** im Altar, welches drei bibli-

Kunst + Kultur
- **Sinzig** mit **Barbarossadenkmal** (Barbarossastraße), **Pfarrkirche St. Peter** (Kirchplatz) und **Zehnthof** (Zehnthofstraße) ➤ www.sinzig-info.de
- **Mittelalterlicher Barbarossamarkt** (Sept.) ➤ www.barbarossamarkt-sinzig.de
- **Schloss Ahrenthal,** 53489 Sinzig, Tel. (0 26 42) 9 90 50 ➤ www.cms.spee.de

Essen + Trinken
- **Da Giorgio,** Bachovenstraße 3, 53489 Sinzig, Tel. (0 26 42) 67 01, tägl. 11.30–14.30 u. 17.30–24 Uhr ➤ www.da-giorgio.de
- **Sinziger Bierhaus,** Bachovenstraße 12, 53489 Sinzig, Tel. (0 26 42) 99 12 88, Mo.–Sa. 11.30–14.30 u. 17–24, So. 11.30–14.30 u.17.30–24 Uhr ➤ www.sinziger-bierhaus.de
- **Vieux Sinzig,** Kölner Straße 6, 53489 Sinzig, Tel. (0 26 42) 4 27 57, Mi.–So. 11.30–14 u. ab 18 Uhr ➤ www.vieux-sinzig.de

sche Szenen darstellt: In der Mitte die Kreuzigung Jesu auf dem Berg Golgota, links Christi Himmelfahrt und auf dem rechten Flügel den Tod der Mutter Maria.

Ganz in der Nähe steht der **Zehnthof,** dessen Geschichte bis in das 9. Jahrhundert zurückreicht. Hier, wo heute der historische Baukomplex steht, residierte einst Kaiser Barbarossa persönlich. Das Gebäude beeindruckt neben seinen Wandmalereien vor allem durch einen Rittersaal, in dem sich ein mit Ornamenten reichlich verzierter Kamin befindet. Leider müssen sich Besucher aber mit der Bewunderung von außen begnügen.

Eine große Auswahl an traditionell italienischen Speisen und erlesenen Weinen tischt das gemütliche Restaurant **Da Giorgio** im Zentrum der Stadt auf.

Das **Sinziger Bierhaus** verwöhnt seine Gäste mit einer gutbürgerlichen deutschen Küche – besonders die verschiedenen Schnitzelvariationen finden zahlreiche Freunde. Darüber hinaus beinhaltet das Angebot auch rheinische Spezialitäten, wie hausgemachte Sülze mit Bratkartoffeln, die entweder im Lokal oder bei schönem Wetter im Biergarten serviert werden.

Ein unvergessliches Erlebnis bereitet ein Besuch im stilvollen Restaurant Vieux Sinzig. Die Inhaber, der französische Spitzenkoch Jean-Marie Dumaine und

Friedensmuseum ....

seine Frau, begeistern ihre Gäste durch kreative und innovative Rezeptideen. Selbst wählerische Feinschmecker kommen bei dem raffinierten, vielfältigen Angebot auf ihre Kosten. Hier gleicht kein Besuch dem anderen, da der Koch mit immer neuen Rezepten überrascht. Außerdem werden verschiedene Veranstaltungen, wie beispielsweise die beliebten **Trüffelwanderungen,** angeboten.

3 Kilometer entfernt liegt **Schloss Ahrenthal,** das auf den Fundamenten einer früheren, im 14. Jahrhundert erbauten, Wasserburg steht. Zwischen dem 18. und 19. Jahrhundert wurde die Anlage umgebaut, die Planung und Umsetzung übernahmen die Düsseldorfer Architekten Bernhard Tüshaus und Leo von Abbema. Damals erhielt das Schloss sein

... Brücke von Remagen

heutiges, prächtiges Aussehen, das von der mittelalterlichen Burganlage keine Spuren mehr zeigt. Anfang des 20. Jahrhunderts verwüstete ein großer Brand weite Teile der Anlage, von der nur Teile wieder aufgebaut wurden. Heute befindet sich das Schloss in Privatbesitz, weshalb eine Besichtigung nur von außen möglich ist.

② Friedensmuseum Brücke von Remagen

(4,5 km von Schloss Sinzig)

Keine 5 Kilometer von Sinzig entfernt befindet sich das **Friedensmuseum Brücke von Remagen,** das in den verbliebenen Türmen der zwischen 1916 und 1918 errichteten Ludendorffbrücke untergebracht ist. Am 7. März 1945

Info

Friedensmuseum Brücke von Remagen
Rheinpromenade, 53424 Remagen,
Tel. (0 26 42) 2 18 63,
März, Apr. u. Nov. tägl. 10 –17,
Mai–Okt. tägl. 10 –18 Uhr, 3,50 €
❯ www.bruecke-remagen.de

ging die Brücke in die deutsche Geschichte ein: Nachdem es den Deutschen nicht gelungen war, sie zu sprengen, konnte die amerikanische Armee sie erobern und mit 8000 Soldaten den Rhein queren. Zehn Tage später stürzte sie jedoch ein und riss mindestens 30 Männer in den Tod. Neben der Dokumentation der Brückenhistorie versteht sich das Museum auch als Gedenkstätte und Mahnmal für den Frieden.

06 Burg Altwied

Eine Burgruine, Fachwerkhäuser und ein Premiumwanderweg

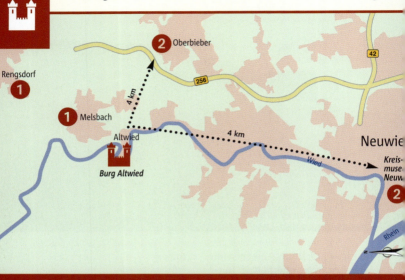

Außerdem sehenswert

1 Melsbach und Rengsdorf ➤ S. 52   2 Römischer Limes ➤ S. 53

Burg Altwied

Burgtorstraße, 56567 Altwied
jederzeit frei zugänglich
➤ **www.neuwied.de/burg-altwied.html**

Anfahrt PKW
A 61, AS 35 bzw. A 3, AS 36, weiter über die B 256 bis Altwied;
Parkplatz an der Burgtorstraße (GPS 50.48285, 7.46770)

Anfahrt ÖPNV
Mit dem RE 8 oder der RB 27 bis Bf. Neuwied,
weiter mit dem Bus 131 bis Haltestelle Neuwied-Altwied Burg

Burg Altwied

Anlage

Burg Altwied gehört zu den Höhenburgen und ist im Tal der Wied auf einem schmalen Felsgrat errichtet und von drei Seiten vom Fluss umgeben. Im Norden und Nordosten ragen steile Hänge empor, an der Südseite befindet sich der Burgflecken, eine Siedlung, die im Vergleich zu einem Dorf deutlich mehr Rechte erhielt. Ihn umgibt eine Ringmauer, die auch zum Schutz der Vorburg diente. Drei Tore mit einer durchschnittlichen Höhe zwischen 4 und 8 Metern gewährten Einlass: das Juden- und das Mühlentor sowie die Porz, auch Hauptpforte genannt. Heute ist nur noch Letztere erhalten.

Zur Anlage gehörten früher eine Vorburg, in der Werkstätten, Scheunen, Stallungen und Bediensteten-Räume untergebracht waren, sowie eine Hauptburg. Der viereckige Bergfried an der Ostseite, der zur Wohnanlage ausgebaut wurde, ist der älteste Teil der Burg. Seine Höhe beträgt 16 Meter. Auf dem Burghof, im Nordwesten, befinden sich Reste eines im 13. Jahrhundert errichteten und später erweiterten Frauenhauses, das aus drei Stockwerken bestand. Die Burgkapelle aus dem 14. Jahrhundert ist leider nicht mehr erhalten.

Geschichte

Metfried von Wied, Gaugraf im Engersgau, ließ die Burg im Jahr 1125 erbauen. Die Arbeiten begannen mit der Errichtung des massiven Bergfrieds und dauerten etwa 50 Jahre. Graf Theoderich, Enkel des Grafen Metfried, beendete den ersten Bauabschnitt. Einige Jahre später wurde die Burgkapelle errichtet, für die der damalige Papst Johannes XXII. einen Ablass erteilte. Später wurde die Anlage etappenweise neu gestaltet und erweitert. Im 15. Jahrhundert war die Burg Amtssitz eines Hofgerichts. Als die noch ansässige Grafenfamilie sich in Neuwied ein neues Domizil suchte, stand Burg Altwied jahrelang leer und verfiel zusehends.

Letztendlich ereilte sie das Schicksal vieler anderer Bauten im 18. Jahrhundert: Sie diente als Steinbruch für neue Schlösser in der Region. Doch auch als Ruine war und ist Burg Altwied noch beliebt und dient zahlreichen Festen und Veranstaltungen als fulminante Kulisse. Seit den 1920er-Jahren kümmert sich der Heimatverein Altwied um den Erhalt der Anlage.

Heutige Nutzung

Die Ruine dient heute als spektakuläre Kulisse für verschiedene Kultur- und Naturveranstaltungen.

Tipps + Termine

Auf Wunsch können beim Heimatverein Altwied **Führungen** über die Burganlage vereinbart werden. Alle 2 Jahre organisiert er den stimmungsvollen **Weihnachtsmarkt** auf der Burg mit Ständen für Glühwein, Christstollen und alte Handwerkskunst. Tel. (0 26 31) 95 80 53 o. 5 81 93

Jedes Jahr lädt die Freie Bühne Neuwied Kinder und Erwachsene zu ihrem **Sommertheater** vor der historischen Burgkulisse ein. Tel. (01 63) 4 45 58 51

An der Wied

Fachwerk in Altwied

In unmittelbarer Burgnähe liegt **Das Steakhaus,** das sein Fleisch nach argentinischer, amerikanischer oder irischer Art serviert. Von der Terrasse ist das Rauschen der Wied zu hören. An selbigem Fluss, aber näher zum Rhein hin, verwöhnt das **Parkrestaurant Nodhausen** mit erstklassiger Küche. In edlem Ambiente lassen sich neu interpretierte regionale Köstlichkeiten genießen.

In der nahe gelegenen Ortschaft Melsbach stößt der Besucher auf Mauerreste einer **Kreuzkirche,** die vermutlich schon im 9. Jahrhundert errichtet und in der napoleonischen Zeit zerstört wurde. Sie war wichtiger katholischer Wallfahrtsort, später predigte hier der berühmte Reforma-

❶ Melsbach und Rengsdorf
(Unmittelbare Umgebung)

Durch die **Porz** erreichen wir den mittelalterlichen Ortskern mit seinen Fachwerkhäusern. Hier befindet sich auch die im 14. Jahrhundert erbaute, ehemalige St.-Antonius-Kapelle, die heutige **evangelische Kirche.** Den Innenraum des Langhauses sowie des Chors zieren Fresken, die vermutlich noch aus dem 14. Jahrhundert stammen. An den Wänden des Chorraumes sind alte Grabplatten angebracht, die bezeugen, dass die alte Kapelle kurzzeitig als Grabstätte der Herren von Burg Altwied diente.

Kunst + Kultur
- **Altwied** mit **Porz** und evangelischer Kirche
  ➤ www.altwied.de
- **Melsbach** mit **Kreuzkirche, Rengsdorf** mit **Bismarcksäule**
- **Premiumwanderweg Klosterweg**

Essen + Trinken
- **Das Steakhaus,** Im Wiedtal 62, 56567 Neuwied-Altwied, Tel. (0 26 31) 95 75 95, Mi.–Sa. 17–23, So. 11.30–15 u. 17–23 Uhr
  ➤ www.das-steakhaus-altwied.de
- **Parkrestaurant Nodhausen** Nodhausen 1, 56567 Neuwied, Tel. (0 26 31) 81 34 23, Di.–Fr. 12–15 u. ab 18, Sa. ab 18 Uhr
  ➤ www.parkrestaurant-nodhausen.de

Die Porz

❷ Römischer Limes

(4 km von Burg Altwied)

Zwischen dem Wiedtal und dem Aubachtal verlief früher der Limes, der legendäre Grenzwall der Römer. Zwischen 180 und 192 n. Chr. wurde mit dem **Großkastell Niederbieber** (heute ein Stadtteil Neuwieds) eine der weitläufigsten und wichtigsten Anlagen am gesamten Limes angelegt. Es war um die 5 Hektar groß und beherbergte etwa 1000 Mann. Heute sind zwischen den Häusern an der Straße Am Limes noch die Grundmauern des Bades sowie des Nordtors zu sehen. 1970 wurde auf dem Wingertsberg bei Oberbieber ein zweigeschossiger **Wachturm** rekonstruiert, der die typische Bauweise aus Stein und Fachwerk aufweist. Das **Kreismuseum Neuwied** zeigt römische Fundstücke aus der Region sowie Exponate aus der älteren Steinzeit.

tor Philipp Melanchthon. In Rengsdorf steht die imposante **Bismarcksäule:** ein 13 Meter hoher Turm aus Trachyt, der 1903 eingeweiht wurde. Das für die Region typische Baumaterial kam aus dem Siebengebirge und dem Westerwald. Ein besonderer Blickfang ist die auf dem oberen Teil des Turms installierte Feuerstelle, die heute aber nicht mehr aktiv ist.

Von Rengsdorf nach Waldbreitbach verläuft der **Premiumwanderweg Klosterweg,** der im Mai 2009 eröffnet wurde. Die 17 Kilometer lange Strecke verbindet den Rheinsteig mit dem Westerwald-Steig und ist mit stilisierten Kirchturmspitzen ausgeschildert.

Info

Wachturm, Wingertsberg, Oberbieber

Ausgrabungsstätte Großkastell Am Limes, Niederbieber

Kreismuseum Neuwied Raiffeisenplatz 1 a, 56564 Neuwied, Tel. (0 26 31) 80 33 79, Mo. geschl.

➤ www.kreismuseum-neuwied.de

07

Stadtburg Andernach

Von alten Wehranlagen zum Geysir

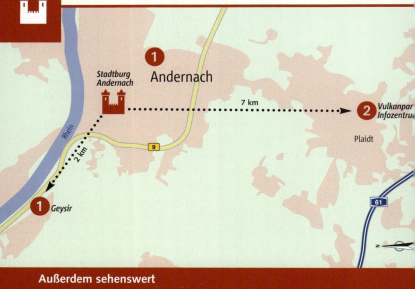

Außerdem sehenswert

1 Andernach und Geysir ➤ S. 60   **2** Vulkanpark ➤ S. 61

Stadtburg Andernach

Am Stadtgraben, 56626 Andernach
jederzeit frei zugänglich

Anfahrt PKW

AA 61, AS 35, über die B 256 und B 9;
Parkplatz am Hindenburgwall (GPS 50.43957, 7.40581)

Anfahrt ÖPNV

Mit dem RE 5 oder der MRB 26 bis Bf. Andernach,
etwa 8 Minuten Fußweg, rechts bis zum Kreisverkehr,
über Bahnhofstraße und Am Stadtgraben zur Stadtmauer

Stadtburg Andernach

Anlage

Die heutige Ruine der Stadtburg Andernach war ursprünglich als Wasserburg parallel zur Stadtbefestigung erbaut worden. Der quadratische Bergfried aus zunächst drei, später vier Geschossen gilt als ältester Teil der Anlage. Seit dem 17. Jahrhundert ziert ihn ein barockes Dach. Auch der 1518 bis 1524 erbaute Pulverturm ist noch erhalten. Früher gehörten zur Anlage noch vier Ecktürme samt Wehrgang sowie ein Wohngebäude. Eine massive Ringmauer und ein 7 Meter breiter und 5 Meter tiefer Graben grenzten die Burg von der Stadt ab. Das um 1200 erbaute Koblenzer Tor, auch Burgpforte genannt, gewährte einen repräsentativen Zugang nach Andernach, gehört aber im eigentlichen Sinne nicht mehr zur Stadtburg. Am Rande des ehemaligen Schlossgartens sticht eine große Pyramide aus Kanonenkugeln ins Auge, die vermutlich noch aus der Zeit des Dreißigjährigen Kriegs stammen.

Geschichte

Der Ursprung der heute gut erhaltenen Ruine liegt im Mittelalter. Ein genaues Entstehungsdatum der Stadtburg ist leider nicht bekannt, vermutlich wurde sie zwischen Ende des 12. und Anfang des 13. Jahrhunderts erbaut. Ähnlich wie die Stadt Andernach, die König Friedrich I. Barbarossa dem Erzbischof Rainand von Dassel schenkte, war die Burg im Besitz des Erzstiftes Köln und sicherte die südliche Grenze von Kurköln.

Die Burg diente zudem als Schutz für das in der Nähe liegende Zollhaus. Während blutiger Aufstände Andernacher Bürger, die im 14. Jahrhundert nach Unabhängigkeit von der kurkölnischen Macht strebten, erlitt die Burg schwere Schäden. Bei darauffolgenden Instandsetzungen wurden auch einige Umbauten durchgeführt.

Als auch der Pfälzische Erbfolgekrieg an der Burg seine Spuren hinterließ, wurde sie nicht wieder komplett errichtet, sondern nur in Einzelbereichen restauriert. Im 19. Jahrhundert wurde der Bergfried zwischenzeitlich als Gefängnis, im 20. Jahrhundert als Jugendherberge genutzt.

Heutige Nutzung

Seit 2006 befindet sich im Bergfried ein Trauzimmer des Standesamtes Andernach. Die imposante Kulisse ist zudem häufig Schauplatz verschiedener Veranstaltungen unter freiem Himmel: Konzerte, Märkte und Volksfeste bringen immer wieder Leben und zahlreiche Besucher in die mittelalterliche Burganlage.

Park

Vom ehemaligen Schlossgarten ist ein kleiner Park rund um Pulverturm und Bergfried geblieben, in dem sich Rasenflächen und Blumenbeete mit Bäumen abwechseln. Seit 2010 ist Andernach übrigens zur essbaren Stadt geworden: Statt Blumen wird auf städtischem Grund vermehrt Gemüse angepflanzt, sodass die Bürger kostenlos Zucchini, Bohnen oder Kartoffeln ernten können – auch direkt an der Stadtburg.

❶ Andernach und Geysir
(Unmittelbare Umgebung)

Das Wahrzeichen der Stadt ist der mächtige Wehrturm aus dem 15. Jahrhundert, der **Runde Turm.** Er war Bestandteil der **mittelalterlichen Stadtbefestigung,** deren Mauerwerk stellenweise bis zu 5 Meter dick war. Seine Architektur ist durchaus ungewöhnlich: Den runden, über 30 Meter hohen Rumpf krönt ein über 20 Meter hoher, schmaler, achteckiger Butterfassturm. Er gilt als der **höchste Wehrturm am gesamten Rhein.**

Die Kölner Straße führt zum Rhein und nach 1 Kilometer zum **Alten Krahnen,** einem massiven Hafenkran auf solidem Holz- und Basaltfundament. Er wurde 1561 in Betrieb genommen und gehörte seinerzeit zu den größten Kränen an deutschen Binnengewässern.

Ein Stück rheinaufwärts thront die von 1659 bis 1661 errichtete **Bastion.** Schwer mit Kanonen bewacht, war sie für die Rheinschiffe Zollstation.

Zurück im Städtchen trifft der Besucher gleich auf drei bemerkenswerte Gotteshäuser. Die katholische Pfarrkirche Maria Himmelfahrt, auch **Andernacher Dom** genannt, ist eine dreischiffige Emporenbasilika aus dem frühen 13. Jahrhundert. Neben Trachyt, Kalkstein und Basalt wurde vor allem Tuffstein bei der Restaurierung im 19. Jahrhundert verwendet. Die prächtigste Seite der Kirche bildet die Westfassade mit zwei hohen Türmen und zahlreichen Blindarkaden.

Die **evangelische Christuskirche** ist ein beeindruckendes Beispiel spätgotischer Hallenkirchen. Sie wurde zwischen dem 13. und 15. Jahrhundert erbaut und gehörte bis 1802 dem Franziskanerkloster an. Statt eines Glockenturms verfügt sie über einen hohen Glockendachreiter, der aber erst im 19. Jahrhundert hinzuge-

---

Kunst + Kultur
- Andernach mit **Rundem Turm, Altem Krahnen** und **Bastion**
  ➤ www.andernach.de
- **Andernacher Dom, Christuskirche** und **Kapelle St. Michael**
- **Geysir Andernach,** Konrad-Adenauer-Allee 40, 56626 Andernach
  Tel. (0 26 32) 95 80 08-0, März–Okt., tägl. 9–17.30 Uhr, 13,50 €
  ➤ www.geysir-andernach.de

Essen + Trinken
- **Weinhaus Merowingerhof,** Hochstraße 30, 56626 Andernach,
  Tel. (0 26 32) 4 48 48, Di.–So. ab 17 Uhr ➤ www.merowingerhof.de
- **Restaurant und Sommergarten Alt Andernach,** Hochstraße 18,
  56626 Andernach, Tel. (0 26 32) 4 33 85
  Mo. u. Mi.–So. ab 17 Uhr ➤ www.altandernach.de

Geysir Andernach

sen und Getränke. Als besonderen Clou braten die Gäste auf heißem Lavastein ihr Fleisch selbst an.

Ein besonderes Natur-Schauspiel hält die Halbinsel **Namedyer Werth** bereit: den **weltweit höchsten Kaltwassergeysir.** Anfang des 20. Jahrhunderts wurde der Geysir Andernach bei einer Bohrung erstmals entdeckt. Vom Geysir-Erlebniszentrum geht es per Schiff zum 8-minütigen Spektakel: Alle 90 Minuten entladen sich gigantische Wassermassen von bis zu 60 Metern.

② Vulkanpark

(7 km von der Stadtburg Andernach)

Seit 2006 ist der Geysir Andernach fester Bestandteil des **Vulkanparks,** der sich westlich des Rheins erstreckt und bis in die Eifel hineinreicht. Der großflächige Geopark informiert an mehreren Stationen zwischen Andernach, Plaidt und Mayen über die Entstehung der Vulkaneifel, den Aufbau des Gesteins und die Auswirkung der Landschaft auf die Bewohner. Ob **Römerbergwerk, Lava-Dome** oder **Terra Vulcania** – hier ist für jeden etwas dabei.

fügt wurde. Außerhalb des Zentrums steht die spätromanische **Kapelle St. Michael,** die im 13. Jahrhundert als Friedhofskapelle erbaut wurde. Bis heute blieb ihre Außenfassade mit Blendarkaden, Rundbogenfriesen und Säulen unverändert.

In einem urigen Rheinschiffer-Domizil von 1787 bietet das **Weinhaus Merowingerhof** seit 1995 beste Weine aus vornehmlich deutschen Anbaugebieten und kleine wie große Gerichte an. **Alt Andernach** serviert im Restaurant und Sommergarten leckere Spei-

Info
Vulkanpark, Infozentrum
Rauschermühle 6, 56637 Plaidt,
Tel. (0 26 32) 98 75-0
❯ www.vulkanpark.com

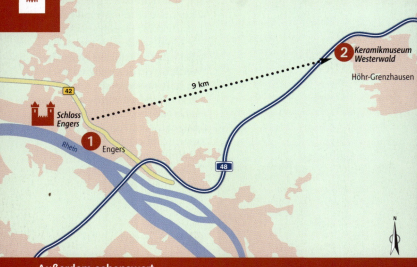

Außerdem sehenswert

1 Engers ➤ S. 67   **2** Keramikmuseum Westerwald ➤ S. 69

Schloss Engers

Alte Schlossstraße 2, 56566 Neuwied, Tel. (0 26 22) 92 64-256
➤ www.schloss-engers.de

Museum und **Saal der Diana**
So. 11–17 Uhr, Eintritt frei

Anfahrt PKW
A 48, AS 11, über die B 42 und Bendorfer Straße;
Parkplatz am Schloss (GPS 50.42297, 7.54323)

Anfahrt ÖPNV
Mit dem RE 8 oder der RB 27 bis Bf. Neuwied (Engers),
etwa 5 Minuten Fußweg über die Alleestraße links Richtung Schloss

Essen + Trinken
Restaurant Schloss Engers
Tel. (0 26 22) 92 64-295, Mo.–Sa. ab 15, Okt.–Mai ab 18, So. ab 12 Uhr

Schloss Engers

Anlage

Bis heute gilt Schloss Engers als einzigartiges Kleinod spätbarocker Baukunst. Ein hoher, schön geschwungener Gitterzaun aus Eisen, dessen Tor auf beiden Seiten von majestätischen steinernen Löwen auf Pfeilern bewacht wird, gibt den Weg auf einen großzügigen Hof frei. Das Schloss gliedert sich in einen Dreiflügelbau mit einem

sehr auffälligen Rokoko-Mittelrisalit. Dem Hochparterre folgen zwei weitere Etagen sowie Mansarden.

Von der Rheinseite wirkt das Gebäude sogar noch prächtiger. Mittig an der Fassade und an dem schmiedeeisernen Balkon befinden sich zwei Wallderdorff-Wappen, die an den gleichnamigen Eigentümer und Bauherrn erinnern. Die links und rechts von der Schlosstür hinabführenden Freitreppen gehen direkt auf das Rheinufer zu. Die verschnörkelten Balustraden von Treppen und Balkon verleihen dem prunkvollen Gebäude Leichtigkeit und Eleganz.

Der Eingangsbereich führt in eine stilvolle, weiße Halle mit offenem Treppenhaus, von dem aus die prunkvollen Räumlichkeiten zu erreichen sind. Der prächtigste Raum ist zweifellos der lichtdurchflutete, in Gelb- und Grüntönen gestaltete Saal der Diana im ersten Obergeschoss, der sein Aussehen dem Maler Januarius Zick verdankt. Die kunstvoll gefertigten Deckenfresken zeigen neben der römischen Göttin der Jagd auch zahlreiche weitere mythologische Figuren.

Geschichte

Wo heute direkt am Rheinufer Schloss Engers steht, befand sich früher die mittelalterliche Burg Kunostein. Sie wurde vom Erzstift Trier im 14. Jahrhundert erbaut und diente, nachdem die Zollstation von Stolzenfels nach Engers verlegt worden war, der Zollerhebung. Mitte des 18. Jahrhunderts plante der damalige Besitzer, der Trierer Erzbischof Johann Philipp von Walderdorff, die alte, aber nicht beschädigte Burg zu modernisieren. Doch stattdessen kam es zum Abriss der Zollburg. Einzig und allein der Graue Turm wurde verschont und steht bis heute in der Nähe des Schlosses.

Nach dem Abriss der alten Burg entwarf der Hofbaumeister des Kurfürstentums Trier, Johannes Seiz, ein modernes wie repräsentatives Jagd-, Lust und Sommerschloss. Dekorative Elemente, Wandmalereien oder Stuckarbeiten, wurden bei bekannten Künst-

Residenz Schloss Engers

Martinsbrunnen in Engers

schiedene Kulturveranstaltungen. Außerdem zeigt ein kleines Museum prunkvolle Gegenstände aus vergangenen Zeiten. Das stilvolle Hotel und gehobene Restaurant Schloss Engers erfüllen auch anspruchsvolle Wünsche. Im barocken Ambiente oder auf der Rheinterrasse werden hier exquisite Speisen serviert mit feinen Tropfen aus der Region oder Übersee.

Tipps + Termine
Auf Anfrage werden spannende **Führungen** durch das Schloss und Museum angeboten.
Tel. (0 26 22) 92 64 256
➤ www.schloss-engers.de

Die Konzerte der **Villa Musica** finden im prunkvollen Saal der Diana statt und dokumentieren die einzigartigen Projekte der Kammermusikakademie. Spezielle Kulturwochenenden bieten neben den Konzerten die Möglichkeit, mehr über die Geschichte der Kammermusik zu erfahren.
Tel. (0 26 22) 92 64-117
➤ www.villamusica.de

Im Sommer beherbergt Schloss Engers das beliebte **Festival Rheinvokal**, an dem Künstler aus der ganzen Welt teilnehmen, die die zahlreichen Besucher mit ihren Stimmen und ihrer Musik verzaubern.
Tel. (0 26 22) 92 64-250
➤ www.rheinvokal.de

Ein Highlight der besonderen Art bildet das **Engerser Convent,** das alle zwei Jahre stattfindet. Auf dem bunten Barockfest finden neben Konzerten auch imposante Kostümfeste statt, Tel. (0 26 22) 37 69
➤ www.engerserconvent.de

lern, wie Januarius Zick oder Ferdinand Dietz, in Auftrag gegeben. So entstand Schloss Engers innerhalb der kurzen Zeitspanne von nur 3 Jahren zwischen 1759 und 1762.

Anfang des 19. Jahrhunderts wechselte die Anlage dann ihre Besitzer: Sie gehörte eine kurze Zeit dem Herzogtum Nassau an und wurde als Sommerhaus von den Fürsten genutzt. Später kam sie in preußischen Besitz und diente als Kriegsschule sowie als Lazarett. In den 1920er-Jahren wurde das Schloss von der Josefs-Gesellschaft – einer kirchlichen Institution, die sich um die Behindertenpflege kümmert – übernommen. 1990 ging das Schloss in den Besitz des Landes über, seit 1995 hat die Musikinstitution Villa Musica Rheinland-Pfalz hier ihren Sitz.

Heutige Nutzung
Die Landesstiftung Villa Musica bildet junge Talente aus und organisiert ver-

Engers
(Unmittelbare Umgebung)

Die Ortschaft **Engers,** heute ein Stadtteil von Neuwied, zählt zu den **ältesten römischen Siedlungen auf der rechten Rheinseite.** Bis 1970 besaß die Ortschaft Stadtrechte, die ihr 1357 von Kaiser Karl IV. verliehen wurden. Das **alte Rathaus,** mit Fachwerk und Walmdach aus dem 17. Jahrhundert, wirkt auf den ersten Blick wie ein großes Puppenhaus und bildet einen schönen Kontrast zu dem ihm gegenüberliegenden barocken Schloss.

Die **Kirche St. Martin,** eine dreischiffige Säulenbasilika mit Gewölben, entstand gegen Ende des 19. Jahrhunderts im neoromanischen Stil aus Backstein und Tuff. Ihr Vorgänger, ebenfalls dem heiligen Martin gewidmet, musste aus Platzgründen weichen. Zwei Pietàs aus dem 17. und 18. Jahrhundert – eine gotische Figur der Gottesmutter mit Kind und eine barocke Strahlenkranzmadonna – schmücken ihr Inneres.

Etwas weiter entfernt steht die evangelische **Dietrich-Bonhoeffer-Kirche,** die als Emporenbasilika um 1900 auf einem fast kreuzförmigen Grundriss erbaut wurde. Das neospätromanische Bauwerk wird von einem schlanken Turm mit Pyramidendach überragt. Gemauerte Spitzbogenfenster sowie einzelne Zierelemente durchbrechen die weiße Fassade und bilden

einen gelungenen Gegenpol. Die **Pestkapelle,** die dem heiligen Sebastian geweiht ist, wurde im 17. Jahrhundert aus Dankbarkeit von Überlebenden der Seuche errichtet. Seitdem ist sie jedes Jahr am 20. Januar, dem Tag des heiligen Sebastians, Ort einer festlichen Andacht.

Erwähnenswert ist außerdem die kleine, mehreckige **Rheinkapelle,** die direkt am Fluss liegt. Sie entstand in den 1920er-Jahren auf den Fundamenten einer früheren Kapelle.

Von der ehemals hohen Stadtbefestigung in Engers sind heute nur noch wenige erhaltene Teilstücke zu besichtigen. Zu ihnen gehört der bereits erwähnte, ehemals zu Burg Kunostein gehörende, Graue Turm aus dem 14. Jahrhundert, außerdem das sogenannte **Duckesje,** ein ehemaliger

Kunst + Kultur
• Engers ➤ www.engers-info.de
• Altes Rathaus, Alte Schlossstraße 3
• Kirche St. Martin (Klosterstraße 2), **Dietrich-Bonhoeffer-Kirche** (Klosterstraße 17 a), **Pestkapelle** (Bendorfer Straße), **Rheinkapelle**
• Grauer Turm, Duckesje, Wehrturm und Wasserturm

Essen + Trinken
• Pinoltalia, Heddesdorfer Straße 20, 56564 Neuwied, Tel. (0 26 31) 2 26 75, Di.–So. 11.30–14 u. 18–23 Uhr ➤ www.pino-italia.de

Rathaus in Engers von 1642

Gefängnis-Turm, sowie ein weiterer **Wehrturm.**

Geprägt wird das Stadtbild außerdem durch den **Wasserturm** aus dem Jahr 1900, der dank seiner 71 Meter Höhe von weit her zu sehen ist. Sein Fassungsvermögen betrug früher 150 Kubikmeter.

Wer die Stadt auf unvergessliche Weise kennenlernen möchte, sollte unbedingt an einer **Nachtwächterführung** teilnehmen, die zu den beliebtesten Freizeitangeboten in Engers gehört. Die kostümierten Nachtwächter geleiten ihre Zuhörer und -schauer mit Laternen und großen Gehstöcken zu den Sehenswürdigkeiten der Stadt sowie zum Schloss – selbstverständlich nach Sonnenuntergang – und wissen manch lustige Anekdote und spannende Ereignis zu erzählen.

Italienische Köstlichkeiten serviert das stilvolle Restaurant **Pino Italia,** das vom kleinen Gericht bis zum edlen Menü für jeden Geschmack etwas bereithält.

Keramikmuseum

❷ Keramikmuseum Westerwald

(9 km von Schloss Engers)

Zwischen dem Rheintal und dem Westerwald erstreckt sich das Kannenbäckerland. Aus dem dort gewonnenen Ton werden seit Jahrhunderten hochwertige Töpferwaren hergestellt, die mit ihrem typisch blau-grauen Design bundesweit bekannt sind. In Höhr-Grenzhausen befindet sich seit 1976 das **Keramikmuseum Westerwald,** das die Geschichte der Töpferwarenherstellung in der Region dokumentiert. Neben der historischen sowie zeitgenössischen Keramikkunst können wir auch die Geräte und Öfen besichtigen, die die Töpfer bei ihrer anstrengenden Arbeit verwendeten und noch heute verwenden. Jährlich wechselnde Sonderausstellungen machen jeden Besuch zu einem Erlebnis.

Info

Keramikmuseum Westerwald
Lindenstraße 13
56203 Höhr-Grenzhausen
Tel. (0 26 24) 94 60 10
➤ www.keramikmuseum.de

Schloss Sayn

Kunstvoll geschmiedetes Eisen und ein Garten der Schmetterlinge

Außerdem sehenswert

1 Bendorf-Sayn ➤ S. 78   **2** Wülfersberg-Kapelle ➤ S. 79

Schloss Sayn

Schlossstraße 100, 56170 Bendorf-Sayn, Tel. (0 26 22) 90 24-0
➤ **www.sayn.de**

Rheinisches Eisenkunstguss-Museum
März–Sept. tägl. 9–18, Okt. tägl. 10–17, Nov tägl. 11–16
Febr. Fr.–So. 11–16 Uhr, 4,50 €

Garten der Schmetterlinge
März–Sept. tägl. 9–18, Okt. tägl. 10–17, Nov. tägl. 10–16 Uhr
7,50 €, Kombiticket für Museum und Garten 9 €

Anfahrt PKW
A 3, AS 37, über die B 413; Parkplatz am Schloss (GPS 50.43853, 7.57709)

Anfahrt ÖPNV
Bis Koblenz Hbf., weiter mit dem Bus 8 bis Haltestelle Sayn Schloss

Essen + Trinken
Schlossrestaurant Sayner Zeit
Tel. (0 26 22) 88 96 83, Di.–So. 11–18 Uhr

Burg Sayn

Schloss Sayn

Anlage

Das prunkvolle Schloss Sayn wurde auf dem Grundriss eines mittelalterlichen Herrenhauses erbaut. Das Hauptgebäude, dessen prächtige Schauwand zum Park hin ausgerichtet wurde, ist dreigeschossig, ebenso der Seitenflügel. Ihm folgt ein zweistöckiger, lang gezogener Mitteltrakt, der den Gebäudekomplex mit der Kapelle verbindet. Zur Anlage gehört auch ein freistehender Turm, der aus dem 15. Jahrhundert stammt. Die Schaufassade des Kerngebäudes schließt mit dem dreiachsigen, mit Maßwerken und Friesen verzierten Treppengiebel ab. Im ersten und zweiten Geschoss befinden sich die Repräsentativräume, die durch liebevoll arrangierte Möbel aus der damaligen Zeit den Lebensstil des 19. Jahrhunderts zeigen.

Die einzelnen Salons wurden nach der Farbe ihrer Wände benannt: Im Roten Salon, dem Großen Salon, präsentieren kunstvoll gefertigte Porträts die früheren Besitzer des Schlosses. Der Grüne Salon zeigt Wandgestaltung, filigrane Möbel und dekorative Elemente im russischen Stil, weshalb er auch den Namen Russischer Salon trägt. Hier ist auch die Büste der Prinzessin Charlotte von Preußen, später Aleksandra Fjodorowna, ausgestellt, die durch die Verheiratung mit Nikolaus I. Zarin von Russland wurde.

Der Blaue Salon, der früher als Esszimmer diente, beherbergt heute eine wundervolle Sammlung von Miniatur-Elefanten, die der Fürstin Marianne gehörten. Ein Salon, der die übrigen an Größe und Gestaltung bei Weitem übertrifft, ist der Gobelinsaal. Seinen Namen hat er den Wandteppichen zu verdanken, die den Raum schmücken.

Im Roten Salon

Da die Wände in hellen, dezenten Tönen gehalten sind, erscheinen die davor hängenden Teppiche noch prachtvoller und farbintensiver. Bis auf einzelne Möbelstücke an den Seiten, wie beispielsweise zwei historische Truhen, steht der Raum leer und beeindruckt so durch seine Weitläufigkeit. Gleich neben dem Schloss befindet sich die Schlosskapelle, welche die Sainte-Chapelle aus Paris nachbildet und aus zwei übereinander liegenden Räumen besteht. Besonders die filigranen, mit Goldornamentik gestalteten Wandma-

lereien und das kräftige Blau der mit Goldsternen verzierten Decke bieten einen einmaligen Anblick. Die kostbaren Buntglasfenster wurden vom österreichischen Künstler Moritz von Schwind angefertigt.

Geschichte

Fürst Ludwig Adolph Friedrich zu Sayn-Wittgenstein-Sayn kaufte 1848 nach seiner Rückkehr aus Russland das barocke Herrenhaus, das im 14. Jahrhundert als mittelalterliches Burghaus errichtet worden war. Der französische

Architekt Alphonse François Joseph Girard, später für den Louvre verantwortlich, gestaltete das Anwesen zu einem neugotischen Schloss. Die dazugehörige Kapelle wurde von dem Koblenzer Architekten Herrmann Nebel erbaut.

In ihr wird das Armreliquiar der heiligen Elisabeth aufbewahrt, das sich bis zur Säkularisierung 1803 im Kloster von Altenberg befand. Die letzte Äbtissin brachte die heiligen Überreste zu ihrer Verwandtschaft nach Sayn, der Familie von Waldeck. Die schenkte es später Fürstin Leonilla, der Gemahlin von Ludwig Adolph Friedrich zu Sayn-Wittgenstein-Sayn, die mit Elisabeth von Thüringen eng verwandt war.

Zeitgenossen und direkte Nachkommen bezeichneten das Werk der beiden Architekten als einzigartig und märchenhaft. 1945, kurz vor Ende des Zweiten Weltkriegs, wurde das eindrucksvolle Schloss durch eine Fliegerbombe stark beschädigt und verfiel in den kommenden Jahren. Erst als es zum Baudenkmal erklärt wurde, erlangte es langsam seinen alten Glanz zurück. Mit besonderer Unterstützung des Landes Rheinland-Pfalz begannen kost-

Garten der Schmetterlinge

Tipps + Termine

Die Touristinformation der Stadt Bendorf bietet **Salon-Führungen** durch die farbenprächtigen Räumlichkeiten im zweiten Obergeschoss an.
Abteistraße 1, 56170 Bendorf-Sayn, Tel. (0 26 22) 90 29 13
➤ www.bendorf.de

Außerdem finden in und um Schloss Sayn über das Jahr die verschiedensten **Veranstaltungen** statt: von den Kräuterwochen über das Sommerfest sowie Burg- und Parkfest bis hin zum Adventszauber. Besonders beliebt ist der Tanz der Bananenfalter. Dann ist der Garten der Schmetterlinge bis in die Dunkelheit geöffnet.
➤ www.sayn.de/veranstaltungen

---

spielige und aufwendige Renovierungsarbeiten. Erst im Jahr 2000, nach 5 Jahren Arbeit, konnten die Restaurationsarbeiten vollständig abgeschlossen werden. Seither ist Schloss Sayn wieder ein beliebter Publikumsmagnet.

Heutige Nutzung

Die Anlage beherbergt heute das Rheinische Eisenkunstguss-Museum, das Kunst- und Gebrauchsgegenstände aus der benachbarten Sayner Hütte zeigt. In der historischen Gießhalle wurden Schmuck, Koch- und Essgeschirr, aber auch Möbel und ganze Bauelemente gefertigt, zum Beispiel auch für Schloss Sayn. Eindrucksvoll vermittelt die Ausstellung, wie hart das Leben der Hüttenarbeiter früher war. Mehr über die Adelsfamilie erfährt man hingegen im Fürstinnenzimmer, das zusammen mit dem Museum besichtigt werden kann.

Im Park

Briefe und Fotos gewähren einen persönlichen Einblick in das Leben der unterschiedlichen Generationen; Gemälde und stilvolle Möbel zeugen von der Pracht des Schlosses.

Das edle Schlossrestaurant Sayner Zeit verwöhnt seine Gäste mit erstklassigen Weinen und einer ausgezeichneten Feinschmeckerküche. Als Nachtisch begeistern die hausgemachten Kuchen der Schlosskonditorei. Ob im Maurischen Salon, mit seinen kräftigen Rot- und Blautönen, oder auf der weitläufigen Terrasse mit Blick auf die alten Bäume des Schlossparks – die Einkehr ist ein Genuss.

Park

Zusammen mit der Erbauung des Schlosses im 19. Jahrhundert wurde auch ein 7 Hektar großer Park angelegt, der heute frei zugänglich ist und in einen englischen Landschaftsgarten umgestaltet wurde. Die Planung der herrlichen Anlage unterlag dem ehemaligen Direktor des Botanischen Gartens von St. Petersburg, Karl Friedrich Thelemann, und dem Frankfurter Gartenkünstler Franz Heinrich Sismayer. Sie pflanzten seltene Baumarten und legten einen Weiher mit einem Brunnen an. Eine Grotte und ein gusseiserner Kreuzweg, der bis heute existiert, ergänzten das zauberhafte Ambiente des Landschaftsgartens. Inmitten des Schlossparks liegt der Garten der Schmetterlinge. Unzählige exotische Falter und Schmetterlingsarten sind in einzelnen Glashallen untergebracht und verzaubern mit ihrer Farbenpracht und ihrer Leichtigkeit. Neben den Insekten leben hier auch Zwergwachteln, ein Leguan und eine Vielzahl bunt schillernder, tropischer Vögel. In künstlich angelegten Teichen tummeln sich Koi-Karpfen und Schmuckschildkröten. Wechselausstellungen namhafter Künstler bilden dazu einen spannenden Kontrast.

Burg Sayn

tene Bauelement der Anlage. Außerdem sind noch ein Brunnen sowie Teile der Ringmauer und des achteckigen Treppenturms zu sehen. Von der Ruine aus bietet sich ein herrliches Panorama auf Stadt und Umgebung.

Das Restaurant **Die Sayn Burg** befindet sich in der Burganlage und besticht durch seine außergewöhnliche Atmosphäre. Modernes Design innerhalb alter Burgmauern, eine Lounge im alten Gewölbekeller und zwei

1 **Bendorf-Sayn**
(2,5 km von Schloss Sayn)

Oberhalb von Schloss Sayn liegt die aus der zweiten Hälfte des 12. Jahrhunderts stammende **Burg Sayn**, die vom Garten der Schmetterlinge zu Fuß in nur 10 Minuten zu erreichen ist. Die heutige Ruine auf dem hohen **Kehrberg** war damals Stammsitz der Grafenfamilie von Sayn und ersetzte eine frühere Burganlage, die bei Auseinandersetzungen mit dem Erzstift Köln zerstört wurde. An der nordöstlichen Seite steht bis heute der 21 Meter hohe, quadratische **Bergfried.** Er gehört zu den ältesten Teilen der Burg und ist das einzig gut erhal-

Kunst + Kultur
- **Burg Sayn,** Am Burgberg, 56170 Bendorf-Sayn
  ➤ www.sayn.de/burg-sayn
- **Doppelkirche St. Medard** Kirchplatz, 56170 Bendorf-Sayn
- **Sayner Hütte,** In der Saynerhütte, 56170 Bendorf, März–Sept. tägl. 10–18, Okt. tägl. 10–17, Nov. u. Dez. 11–16 Uhr, Führungen durch die Tourist-information der Stadt Bendorf
  ➤ www.freundeskreis-saynerhuette.de

Essen + Trinken
- **Diesayn Burg,** In der Saynerhütte 56170 Bendorf, März–Sept. tägl. 10–18, Okt. tägl. 10–17, Nov. u. Dez. 11–16 Uhr, Führungen durch die Touristinfor-mation der Stadt Bendorf
  ➤ www.diesaynburg.de
- **Hotel Restaurant Villa Sayn** Koblenz-Olper-Straße 111, 56170 Bendorf, Tel. (0 26 22) 9 44 90, tägl. 18–22, Di.–Fr. u. So. auch 12–14 Uhr
  ➤ www.villasayn.de

herrliche Terrassen machen den Besuch zu einem Erlebnis. Auch das kulinarische Konzept ist besonders: Donnerstags lockt ein spanischer Abend, während am Sonntag Flammkuchen und süße Blechkuchen gebacken werden.

In Bendorf selbst steht die dreischiffige **Doppelkirche St. Medard,** die sowohl für evangelische als auch für katholische Gläubige Gotteshaus ist. Der Turm allerdings hat weltliche Eigentümer: Er gehört der Stadt.

Die historische Gießhalle Sayner Hütte liegt unterhalb des Burgbergs direkt am Bachlauf. Sie wurde Ende des 18. Jahrhunderts in Betrieb genommen und stellte zunächst hauptsächlich Baueisen her. Später konzentrierte man sich unter der Leitung von Carl Ludwig Althans auf die Anfertigung von filigraner Eisenkunst, die auch heute noch bewundert werden kann. Die Gießhalle aus den 1830er-Jahren erinnert mit ihrer dreischiffigen Aufteilung an ein **Sakralbauwerk.** Das Tragwerk mit zehn Jochen wurde aus Eisen gefertigt, über 6 Meter hohe Säulen stützen die Quer- und Längsträger und der Obergaden im Mittelschiff ist verglast. Das technische Kulturdenkmal, das bis 1926 in Betrieb war, gilt als einzigartig in der Region. 2010 hat die Bundesingenieurkammer sie als *Historisches Wahrzeichen der Ingenieurbaukunst* ausgezeichnet. Mit Einbruch der Däm-

merung wird sie kunstvoll illuminiert und in Szene gesetzt.

Die **Villa Sayn** bietet in ihren stilvollen Räumlichkeiten, dem Bistro und den Restaurants Dr. Brosius sowie La Toscana, eine raffinierte Küche mit mediterraner Finesse. Mehrgängige Menüs oder Köstlichkeiten für den kleinen Hunger lassen keine Wünsche offen.

❷ Wülfersberg-Kapelle
(5,5 km von Schloss Sayn)

Am Rande des Neuwieder Stadtteils Gladbach befindet sich eine schöne kleine Kapelle aus dem 12. Jahrhundert. Sie liegt malerisch auf einem Feld, auf dem im Sommer ein Meer von Sonnenblumen blüht. Die **Wülfersberg-Kapelle** ist das einzige Gebäude, das vom einstigen Kloster Wülfersberg verblieben ist. Nachdem sie im Krieg mehrfach beschädigt wurde und häufig ihre Besitzer wechselte, wurde die kleine Kapelle im ausgehenden 20. Jahrhundert komplett renoviert. Seitdem finden hier wieder Andachten und Gottesdienste statt.

Info
Wülfersberg-Kapelle
Alteckstraße
56566 Neuwied-Gladbach
kurzer Fußweg von Hausnr. 48
Ostern–Allerheiligen
So. 14–18 Uhr

Außerdem sehenswert

1 Koblenz ➤ S. 86   **2** Maria Laach ➤ S. 89

Festung Ehrenbreitstein

56077 Koblenz, Tel. (02 61) 66 75 40 00, Apr.–Okt. tägl. 10–18
Nov.–März tägl. 10–17 Uhr, 6 €, danach bis Mitternacht Eintritt frei
➤**www.diefestungehrenbreitstein.de**

Anfahrt PKW
A 48, AS 11, über die B 42;
Parkplätze unterhalb der Festung (GPS 50.36105, 7.61086)

Anfahrt ÖPNV
Ab Koblenz Hbf. mit dem Bus bis Bf. Koblenz-Ehrenbreitstein,
etwa 30 Minuten Fußweg (steil bergauf) oder mit dem Schrägaufzug, 5 €
➤**www.schraegaufzug-ehrenbreitstein.de,** alternativ mit der Seilbahn vom
Deutschen Eck, 8 € (Betrieb voraussichtlich bis Ende 2013)
➤**www.seilbahn-koblenz.de**

Essen + Trinken
Café Hahn, Tel. (02 61) 4 23 02: **Restaurant Casino** (Di.–So. 10–17 Uhr),
Weinwirtschaft in der Langen Linie (Di.–So. 10–18 Uhr)
➤**www.caféhahn.de**

Kaiser-Wilhelm-Denkmal am Deutschen Eck

Festung Ehrenbreitstein

Anlage

Die mächtige Festung Ehrenbreitstein wurde mit trapezförmigem Grundriss auf einem Felssporn hoch über dem Zusammenfluss von Mosel und Rhein erbaut. Als Wehrsystem diente früher das 12 Meter hohe Ravelin, ein Wallschild mit Hauptgraben und Kontergarden. Sie befinden sich vor den drei mächtigen Bastionen, von denen Angreifer je nach taktischer Lage direkt, von der Seite oder von hinten beschossen werden konnten. Ein Tunnel verbindet sie mit dem unteren Teil des Ravelins. Zur Befestigungsanlage gehörten selbstverständlich auch die Türme, wie beispielsweise der Johannisturm und der Turm Ungenannt, der tatsächlich so heißt, da sich – so die Geschichte – der preußische Prinz und der russische Zarensohn beim Bau nicht auf einen Namen einigen konnten.

Unweit von den Kasematten entfernt befindet sich das Grabentor, das früher mit einer Zugbrücke ausgestattet war, die heute leider nicht mehr vorhanden ist. Das zweistöckige, langgezogene Gebäude wird auch als Lange Linie bezeichnet. Die Bauherren ließen es damals aus rötlich-gelbem Naturstein errichten und gaben der Festung damit auch einen repräsentativen Charakter. Eiserne Gitter vor den Fenstern zeugen noch heute davon, dass die Kasematten früher auch als Gefängnis für straffällige Soldaten genutzt wurden.

Der Innenhof der Festung ist mit Glas überdacht, sodass ein Spaziergang selbst bei Regen möglich ist.

Auch eine Festungskirche befindet sich auf dem Gelände. Das in schlichtem Weiß gehaltene Gotteshaus beeindruckt durch die kräftigen Arkaden und Galeriegänge sowie die hohe, gewölbte Decke.

Über die große Anlage leiten farbige Wegweiser: An den roten Fahnen orientieren sich die Geschichtsinteressierten; wer den blauen folgt, gelangt zu den Museen und Ausstellungen.

Geschichte

Schon 3000 Jahre vor unserer Zeitrechnung haben Menschen auf dem Felssporn von Ehrenbreitstein erste Spuren hinterlassen; 2000 Jahre später sind erste Behausungen belegt. Bereits im Jahr 1020 stand an Ort und Stelle eine Burg, die zum Erzbistum Trier gehörte und von den Bischöfen als Residenz genutzt wurde. Kostbare Heiligtümer wie beispielsweise der Heilige Rock wurden bis 1794 hier aufbewahrt. Im Laufe der Jahre wurde die Burg immer weiter zu einer mächtigen Festung ausgebaut, dennoch konnten französische Truppen sie 1632, im Dreißigjährigen Krieg, erobern. Doch bereits wenige Jahre später war sie wieder im Besitz des Erzbistums.

Mitte des 18. Jahrhunderts wurden weitere Umbauarbeiten vorgenommen, die aus der Anlage eine noch mächtigere, barocke Festung machen sollten.

Doch schon kurz darauf eroberte die französische Revolutionsarmee die Stadt Koblenz und belagerte die Festung. Nach fast einem Jahr musste die Burg 1799 aufgegeben werden. Bei Abzug der Franzosen 2 Jahre später, wurden Teile des Festungsgebäudes gesprengt. Im Zeitraum von 1803 bis 1815 befand sich die verfallene Anlage im nassauischen Eigentum und wurde zwischenzeitlich sogar als Viehweide genutzt. 1815 gelangte sie als Folge des Wiener Kongresses in preußischen Besitz. König Friedrich Wilhelm III. befahl, die Anlage als modernes Wehrsystem und Teil der großen Festung Koblenz wieder aufzubauen, womit sie zu einer der bedeutendsten militärischen Anlagen Europas wurde. Der deutsch-französische Krieg 1870/71 verschob die Reichsgrenzen weiter gen Westen, womit die Festung ihre strategisch wichtige Lage verlor. Nach dem Ersten Weltkrieg sollte

Ehrenbreitstein gemäß des Versailler Vertrags geschleift werden – glücklicherweise wurden diese Pläne nicht in die Tat umgesetzt, da man rechtzeitig die große historische Bedeutung der Festung als Kulturgut erkannte. Damit ist sie heute die einzige noch erhaltene preußische Festung aus dem frühen 19. Jahrhundert. Während des Zweiten Weltkriegs wurden hier Archivmaterial und Kulturgüter gesichert. In dem massiven Fels unterhalb der Anlage befand sich außerdem ein Luftschutzbunker, der im Notfall mehrere tausend Menschen hätte aufnehmen können. Die Festung blieb allerdings nahezu unversehrt; ganz im Gegensatz zu Koblenz, das fast völlig zerstört wurde.

Nach dem Krieg wurde Ehrenbreitstein als Transitlager für sogenannte displaced persons genutzt, also für Zwangsarbeiter und Verschleppte des NS-Regimes. Auch ausgebombte Koblenzer fanden hier eine erste Zuflucht. In den 1950er-Jahren übernahm das Land Rheinland-Pfalz die Festung.

Heutige Nutzung

Neben dem Landesmuseum Koblenz, das die einzelnen Säle für Ausstellungen nutzt, ist in der Festung auch eine Abteilung des Landesamtes für Denkmalpflege untergebracht. Und auch die Verwaltung der Burgen, Schlösser und Altertümer vom Land Rheinland-Pfalz hat hier ihren Sitz. Nächte in historischen Gemäuern und Zimmer mit Aussicht bietet die Jugendherberge in der Festungsanlage.

Auf der Festung betreibt das Koblenzer Café Hahn verschiedene gastronomische Angebote: Je nach Lust und Laune kann im Restaurant Casino oder in der Weinstube eingekehrt oder am Imbiss mit leckeren Snacks Rast gemacht werden.

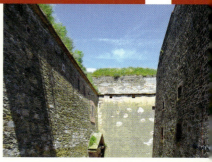

Park

Die Festung ist von einem herrlichen Landschaftspark mit weitläufigen Rasenflächen umgeben. Daniel Diethier entwarf die dreieckige Aussichtsplattform aus Holz und Stahl, die einen herrlichen Blick über das Rheintal gewährt. Während des Aufstiegs durchläuft der Besucher die Ausstellung *Wald im Wandel.* Kleine Eroberer können sich auf dem Kletterspielplatz Fort Bleidenberg austoben.

Tipps + Termine

Die Ausstellung **Peter Joseph Lenné – Eine Gartenreise im Rheinland** stellt Leben und Werk des berühmten deutschen Landschaftsarchitekten vor, der unter anderem die Gartenanlagen von Schloss Sanssouci, Schloss Stolzenfels und Schloss Sinzig gestaltete sowie den Berliner Tiergarten.

◀ S. 92
◀ S. 42

Geborgene Schätze – Archäologie an Mittelrhein und Mosel präsentiert historische Gegenstände, manche bis zu 1 Million Jahre alt.

Nebenan liegen auf den Dächern der Festung die **Archäologischen Zeitgärten,** drei Themengärten aus drei Epochen: Von der Steinzeit, in der Menschen mit dem ersten Anbau von Gemüse und Getreide begannen, über den Bauerngarten der Römer bis hin zum Selbstversorger-Garten der 1950er-Jahre.

Die **Wunderkammer** im Gebäude **Helfenstein** zeigt Interieur aus dem 19. Jahrhundert. Neben liebevoll angefertigten Puppenmöbeln, kleinen Parfümfläschchen und reich bemalten Porzellanknöpfen, werden Küchengeräte, Möbel, Uhren und Keramiken präsentiert.

Im Haus des Genusses dreht sich alles um Wein. Die Ausstellung **WeinReich** dokumentiert seine Geschichte und Kultur und informiert über Sorten, Regionen, Anbau, Ernte und Herstellung.

① Koblenz

(3 km von der Festung Ehrenbreitstein)

Koblenz gehört zu den **ältesten Städten Deutschlands.** Seine Wurzeln reichen bis in das Römische Reich zurück, weshalb an vielen Stellen in der Stadt und der Umgebung noch römische und altgermanische Spuren zu finden sind.

Direkt am **Deutschen Eck,** das seinen Namen dem Deutschherrenorden verdankt, der sich hier 1216 niederließ, ragt das imposante, 37 Meter hohe **Kaiser-Wilhelm-Denkmal** in die Höhe. 1897 feierlich eingeweiht, wurde es kurz vor Ende des Zweiten Weltkriegs durch Bombenangriffe zerstört; zurück blieb nur der Sockel. Nachdem es in den 1950er-Jahren unvollständig als Mahnmal der deutschen Einheit diente, wurde es nach der Wiedervereinigung neu aufgebaut. Seit 1992 sitzt Wilhelm I. wieder stolz im Sattel.

Von der Mosel-Mündung ist es nur ein kurzer Weg bis in die Altstadt mit ihren verwinkelten Gassen und Fachwerkhäusern, wie dem **Max-und-Moritz-Haus.** Zu den architektonischen Highlights gehören besonders die **Vier Türme** aus dem 17. Jahrhundert – eigentlich vier Fachwerkhäuser mit Erkern, die sich an der Kreuzung Altengraben und Marktstraße gegenüberstehen.

Auch ein Besuch des **Rathauses** im ehemaligen Jesuitenkolleg

lohnt sich, da hier Bauelemente aus unterschiedlichen Epochen vereint sind: Neben architektonischen Merkmalen der Renaissance und des Barock sind auch gestalterische Spuren aus dem frühen 20. Jahrhundert zu finden. Das barocke, ehemalige Münzmeisterhaus **Alte Münze** erinnert an die kurfürstliche Münzprägeanstalt, die seit dem 14. Jahrhundert in Koblenz in Betrieb war, und sollte auf unserer Liste der Koblenzer Ausflugsziele keinesfalls fehlen.

Die **Basilika St. Kastor** gehört zu den ältesten Sakralbauten der Stadt, Teile von ihr entstanden schon im 9. Jahrhundert. Die runde, dreigeschossige Apsis im Chorbereich der dreischiffigen, lichtdurchfluteten Kirche, ist ein echter Blickfang. Die hellen Wände sind mit Skulpturen und Gemälden verziert, die verschiedene Heilige darstellen. Dazu gehört auch das meisterliche Gemälde des Namensgebers, des heiligen Kastors. Abgerundet wird die herrliche Gestaltung des Innenraums durch das prächtige **Sternengewölbe** mit floralen Zierelementen. Im direkt anschließenden Kirchengarten zeigt eine Stabsonnenuhr neben der Uhrzeit auch das Datum an. Auf dem Vorplatz der Basilika steht der **Kastorbrunnen,** der durch den Übermut eines französischen Präfekts in die Geschichte einging: Im Jahr 1812 ließ er den Brunnen erbauen und umgehend

Koblenzer Schloss (oben), St. Kastor (unten)

Historiensäule

Oberlandesgericht

Kunst + Kultur
- Koblenz
  - ➤ www.koblenz-touristik.de
- **Deutsches Eck** und **Kaiser-Wilhelm-Denkmal**
- **Altstadt** mit **Max-und-Moritz-Haus, Vier Türmen, Rathaus Alter Münze** (Münzplatz), **Basilika St. Kastor** (Kastorhof 8) und **Kastorbrunnen**

Essen + Trinken
- **Garten Eden da Giuseppe**
  Rheinzollstraße 10, 56078 Koblenz, Tel. (02 61) 1 33 55 66, tägl. 11–23 Uhr
  - ➤ www.garteneden-koblenz.de
- **Winninger Weinstuben**
  Rheinzollstraße 2, 56068 Koblenz, Tel. (02 61) 3 87 07, Juni–Sept. Di.–So. ab 12 Uhr
  - ➤ www.winninger-weinstuben.de
- **Altes Brauhaus**
  Braugasse 4, 56068 Koblenz, Tel. (02 61) 1 33 03 77, Mo.–Do. 9–24, Fr. u. Sa. 9–1, So. 10–22 Uhr
  - ➤ www.altesbrauhaus-koblenz.de
- **Weindorf Koblenz**
  Julius-Wegeler-Straße 2, 56068 Koblenz, Tel. (02 61)13 37 19-0, tägl. ab 11 Uhr
  - ➤ www.weindorf-koblenz.de
- **Wirtshaus Alt Coblenz**
  Am Plan 13, 56068 Koblenz, Tel. (02 61) 16 06 56, Mo. ab 16, Di.–Fr. ab 11.30, Sa. u. So. ab 12 Uhr
  - ➤ www.alt-coblenz.de
- **Egelosia**, Braugasse 6, 56068 Koblenz, Tel. (02 61) 1 33 42 63, tägl. 10–22 Uhr
  - ➤ www.egelosia.de

eine Inschrift einmeißeln, die an den vermeintlichen Sieg Napoleons erinnern sollte, dessen er sich bereits sicher war, der aber leider nicht eintrat. Als die russischen Truppen nach der Niederlage der Franzosen schließlich die Stadt übernahmen, bewiesen sie Humor und ließen eine zweite Inschrift in das Denkmal einarbeiten: *Gesehen und genehmigt durch uns, russischer Kommandant der Stadt Koblenz, am 1. Januar 1814.*

Mit Blick auf den Fluss und Ehrenbreitstein lässt sich italienisches Essen im **Garten Eden da Giuseppe** genießen. Die **Winninger Weinstube** serviert regionale Speisen und ist in einem stilvollen Haus aus dem 19. Jahrhundert untergebracht. Besonders beliebt sind die süßen Flammkuchen. Im

Alten Brauhaus, in dem 1689 die Königsbacher Brauerei gegründet wurde, wird nicht nur mit dem frischgezapften Hellen, sondern auch mit leckeren Gerichten der Saison für das leibliche Wohl gesorgt. Ein besonderes Highlight ist das **Weindorf Koblenz,** direkt am Rhein gelegen, dessen kunstvoll gefertigte Fachwerkhäuser verschiedene Weinregionen repräsentieren. Neben dem Moselhaus und dem Nahehaus sowie der Kleinen Weinstube besticht besonders die Braustube mit rustikaler Einrichtung. Das **Wirtshaus Alt Coblenz** serviert leckere Gerichte für den kleinen oder großen Hunger. Ob Fisch oder Fleisch, kalte oder warme Speisen – hier fühlt sich jeder wohl, besonders durch die umfangreiche Weinkarte. Wem der Sinn nach einer Abkühlung steht, sollte unbedingt Halt bei **Egelosia** mit angeschlossenem Eislabor machen. Milch- und Sorbeteis, aber auch Kuchen und Torten lassen keine Wünsche offen. Die Zutaten sind frisch und der Saison angepasst und machen garantiert Lust auf mehr.

 Maria Laach

(33 km von der Festung Ehrenbreitstein)

Westlich von Koblenz liegt die **Benediktinerabtei Maria Laach.** Die sechstürmige, dreischiffige Klosterkirche mit dem Doppelchor und zwei Transepten wurde zwischen dem 11. und dem 13. Jahrhundert im Stil der Romanik aus Laacher Tuff, Kalk- und Sandstein errichtet. Sie kann außerhalb der Gottesdienste auch von innen besichtigt werden.

Neben dem Kloster befinden sich unter anderem eine **Gärtnerei,** eine **Bildhauerei** und eine **Kunstschmiede,** in denen die Mönche arbeiten. Hier werden auch die selbst hergestellten Kunstwerke ausgestellt. Der **Hofladen** hält neben Obst, Konfitüren und Met auch bestes Rindfleisch bereit, das vom eigenen Klostergut stammt. Wer mehr über die Geschichte der Abtei erfahren möchte, sollte entweder das kleine **Klos-termuseum** besuchen oder den 20-minütigen Dokumentarfilm ansehen, der in vier verschiedenen Sprachen – Deutsch, Englisch, Französisch und Niederländisch – verfügbar ist. Außerdem stehen die freundlichen Mönche gern Rede und Antwort. Die schöne und ruhige Lage des Klosters – direkt am **Laacher See,** einem Vulkanmaar der Eifel – eignet sich auch hervorragend als Ausgangspunkt für ausgedehnte Spaziergänge.

Info
Benediktinerabtei Maria Laach
56653 Maria Laach
Tel. (0 26 52) 59-0
Allerheiligen bis Ostern Mo.–Sa.
14.30–16.45, So. 13.15–16.45
Ostern bis Allerheiligen Mo.–Sa.
9.30–11.15 u. 13.15–16.45,
So. 13.15–16.45 Uhr, Eintritt frei
➤ www.maria-laach.de

Schloss Stolzenfels
Vom Königsstuhl zum Rittersturz

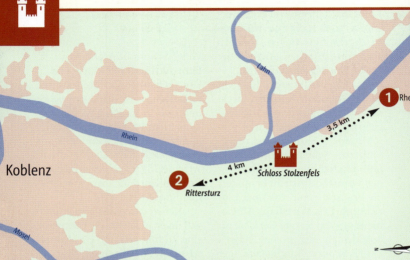

Außerdem sehenswert

1 Rhens mit Königsstuhl ➤ S. 96   **2** Rittersturz ➤ S. 97

Schloss Stolzenfels

Schlossweg 1, 56075 Koblenz, Tel. (02 61) 5 16 56
Jan.–März u. Okt.–Nov. Di.–So. 9–17, Apr.–Sept. Di.–So. 9–18 Uhr, 4 €
➤ www.schloss-stolzenfels.de

Anfahrt PKW
A 48, AS 10, weiter über die B 9;
Parkplätze entlang der B 9 (GPS 50.30475, 7.59332)

Anfahrt ÖPNV
Bis Koblenz Hbf., weiter mit Bus 650 Richtung Boppard
bis Stolzenfels-Schlossweg, Fußweg etwa 10 Minuten,
Beschilderung durch den Wald folgen

Der Königsstuhl

Schloss Stolzenfels

Anlage

Ganz im Stile des Historismus vereint Schloss Stolzenfels verschiedene, ältere Baustile: Die Anlage besticht durch viele Fenster, turmähnliche Erker und Anbauten sowie Zinnen als Zierelemente. Das auf den Überresten einer Burg aus dem 13. Jahrhundert erbaute Schloss zählte damals mit seinem Park und den Gärten zu den repräsentativen Bauwerken der preußischen Rheinromantik. Der Wiederaufbau im 19. Jahrhundert stand wiederum unter dem Einfluss der englischen Neugotik. Über eine Steinbrücke, die den Halsgraben überspannt, gelangt der Besucher zum Schloss. Sie führt zum Torgebäude, das den Weg in den Burghof freigibt. Vor der Kernburg, an der Rheinseite, befindet sich ein Zwinger, der zu einem Garten umgestaltet wurde. Über ihn führt eine weitere Brücke zur Schlosskapelle mit ihren großen gotischen Fenstern. Die zwei hohen und schmalen Türme des Gebäudes überragen die gesamte Schlosslandschaft. Das Innere der Kapelle ist mit religiösen Wandmalereien von Ernst Deger, einem Ver-

treter der Düsseldorfer Malerschule, verziert. Zu den ältesten Gebäuden des Schlosses zählt der fünfeckige, Mitte des 13. Jahrhunderts erbaute Bergfried, der mit einer gebrochenen, mehreckigen Ringmauer umgeben ist.

An der Ostseite des Geländes steht ein weiterer Turm, der als Wohnbereich genutzt wurde. Er ist um mehr als 100 Jahre jünger als der Bergfried und quadratisch gebaut. Aus derselben Zeit stammt auch der rechteckige Wohnbau – der Palas. Zusammen bilden sie die repräsentative, zum Rhein gewandte Sichtseite.

Geschichte

Die frühere Burg Stolzenfels und Vorgängerin des Schlosses, wurde Mitte des 13. Jahrhunderts als Gegenburg zur Burg Lahneck errichtet, die wenige ◄ S. 101 Jahre zuvor auf dem gegenüberliegenden Rheinufer erbaut worden war. Bauherr war der Trierer Erzbischof Arnold II. von Isenburg, der durch ihre Errichtung seine Macht sichern wollte – schließlich gehörte die gegenüberliegende Burg Lahneck zum Erzbistum Mainz. Burg Stolzenfels diente zunächst als Zollstelle, bis diese später nach En- ◄ S. 64 gers verlegt wurde. Im 14. Jahrhundert

bauten die Erzbischöfe die Anlage weiter aus; während des Dreißigjährigen Kriegs wurde sie von Schweden und Franzosen belagert. Während des Pfälzischen Erbfolgekriegs im 17. Jahrhundert erlitt die Burg schwere Schäden und verfiel zur Ruine, die man als Steinbruch nutzte. Anfang des 19. Jahrhunderts gelangte sie in den Besitz der Stadt Koblenz, die sie 1823 wiederum dem Kronprinzen Friedrich Wilhelm von Preußen schenkte. Der spätere König veranlasste ihren Wiederaufund Ausbau. Unter der Führung der Architekten Johann Claudius von Lassaulx und Karl Friedrich Schinkels entstand, mit Wahrung der ursprünglichen Bausubstanz, die prächtige Sommerresidenz am Rhein im Zeichen der Rheinromantik: das heutige Schloss Stolzenfels. 1842 wurden die Bauarbeiten ab-

geschlossen und der Auftraggeber, mittlerweile als König Friedrich Wilhelm IV. bekannt, zog feierlich ein. Heute gehört das Schloss dem Land Rheinland-Pfalz.

Heutige Nutzung

Das Schloss und seine historischen Gebäude stehen für Besichtigungen offen. Für die Bundesgartenschau in Koblenz 2011 wurde die Anlage komplett restauriert und erstrahlt nun in neuem Glanz. Im zweischiffig gewölbten Rittersaal im Palas sind Waffensammlungen und alte deutsche Keramiken ausgestellt. In einem weiteren Raum können die Wandmalereien des Berliner Künstlers Hermann Stilke besichtigt werden, der an seinem Werk im Schloss Stolzenfels insgesamt 4 Jahre arbeitete. Sie stellen die sechs

Rittertugenden – Glaube, Gerechtigkeit, Poesie, Minne, Treue und Tapferkeit – dar und wurden im Auftrag von König Friedrich Wilhelm IV. angefertigt. Die privaten Gemächer des Königspaars im oberen Stockwerk beeindrucken besonders durch die prunkvolle Einrichtung. Feine Möbel aus der damaligen Zeit vermitteln ein lebendiges Bild der adligen Wohnkultur des 19. Jahrhunderts.

Garten

Für die Gestaltung der Gärten auf dem Schlossgelände war der bekannte Landschaftsarchitekt Peter Joseph Lenné, der unter anderem bereits Gartenanlagen in Potsdam und Berlin entworfen hatte, verantwortlich. In Schloss Stolzenfels legte er fünf Gärten an, die Natur und Kunst gelungen miteinander verbinden. Kleine Wasserfälle, Teiche und Grotten wurden dabei harmonisch in den Wald integriert. Die Gärten sollen überraschen und faszinieren, aber gleichzeitig den Eindruck erwecken, von der Natur geschaffen worden zu sein.

Der innere Schlossgarten, auch Pergolagarten genannt, ist wohl der beeindruckendste Teil der Anlage. Er ist mit dem Burghof durch einen Arkadengang verbunden und vom ehemaligen Schlafzimmer des königlichen Ehepaars gut zu sehen. Kleine Blumenbeete, umgeben von Spazierwegen, Wein und Kletterpflanzen an den hohen Mauern sowie an der Pergola prägen den Garten, in dessen Mitte sich ein sprudelnder Springbrunnen befindet.

Tipps + Termine

Für einen bleibenden Eindruck der spannenden Schlossgeschichte sorgt die Schauspielführung *Die Muse von Stolzenfels*. In historischem Gewand führt die Dame durch die Räumlichkeiten, Gärten und Höfe des Schlosses.
Mai–Okt. Sa. 18.30 Uhr, 10 €,
Tel. (02 61) 5 16 56
➤ www.schloss-stolzenfels.de

Darüber hinaus sorgen Kulturveranstaltungen wie Konzerte oder Theatervorstellungen in den prächtigen Räumlichkeiten für Abwechslung.

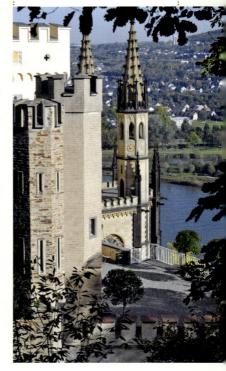

🔴 Rhens mit Königsstuhl

(3,5 km von Schloss Stolzenfels)

Die kleine, geschichtsträchtige Stadt **Rhens** ist besonders durch die gut erhaltene Stadtmauer mit den zahlreichen Toren geprägt. Alte, kunstvoll gefertigte Fachwerkhäuser umgeben den historischen Marktplatz, auf dem der schmucke **Ochsenbrunnen** steht, sowie das farbenprächtige **Alte Rathaus** aus dem früheren 16. Jahrhundert. Kleine Gassen mit verwinkelten Häusern laden zum entspannten Bummeln ein. Besonders schön anzusehen ist auch die katholische **Kirche St. Dionysius,** deren Turm spätromanische Baumerkmale aufweist. Das Langhaus wurde dagegen im spätgotischen Stil errichtet und erst später hinzugefügt. Das Gotteshaus erhebt sich etwas außerhalb des Zentrums auf einem Hügel und dient heute als Friedhofskapelle.

Ebenfalls außerhalb der Altstadt steht die katholische **Kirche St. Theresia,** eine neugotische Hallenkirche, die Anfang des 20. Jahrhunderts nach Plänen des Architekten Ludwig Becker erbaut wurde. Ihren Innenraum zieren prächtige, biblische Wandmalereien.

Weit über seine Grenzen hinaus bekannt ist Rhens vor allem aber wegen seines **Königsstuhls.**

Kunst + Kultur
- **Rhens** mit **Ochsenbrunnen** und **Altem Rathaus, St.-Dionysius-Kirche** (Bramleystraße) und **St.-Theresia-Kirche** (Mainzer Straße), **Königsstuhl** (an der Waldescher Straße), **Rhenser Mineralbrunnen** (Brunnenstraße 2–8)
➤ www.rhens.de

Essen + Trinken
- **Roter Ochse,** Hochstraße 27, 56321 Rhens, Tel. (0 26 28) 22 21, Mo.–Sa. 17.30–22, So. 11.30–14 u. 17.30–22 Uhr
➤ www.roter-ochse.net

Das achteckige Bauwerk aus Lavastein und Basalt thront oberhalb von Stadt und Rhein. Seit Anfang des 20. Jahrhunderts befindet er sich hier auf dem Hügel Schawall. Ursprünglich stand er direkt am Fluss in einem Nussbaumgarten, in dem die Kurfürsten im Mittelalter den römisch-deutschen König wählten. Ruprecht III. von der Pfalz war 1400 der Erste, dem die Ehre zuteilwurde, den Thron zu besteigen. Heute zieht das Bauwerk viele Besucher an, da sich von der oberen Etage ein weiter Blick über das Rheintal bietet.

Wen es nach diesem Ausflug nach einer Erfrischung verlangt, sollte wieder hinab in den Ort steigen und einen Schluck aus dem **Rhenser Mineralbrunnen** trinken, der bereits seit dem 16. Jahrhundert sprudelt. Das Restaurant **Roter Ochse** ist besonders für seine Wildspezialitäten bekannt, denn das Fleisch wird direkt aus dem eigenen Jagdrevier in den Rhenser Wäldern bezogen. Als Mitglied im Verein *Heimat schmeckt!* verwendet die Küche vornehmlich Lebensmittel aus der Region. Bei schönem Wetter tummeln sich die Gäste im urigen Biergarten im Innenhof, Kenner bevorzugen jedoch die Plätze im umgebauten Bett oder Kleiderschrank.

2 Rittersturz
(4 km von Schloss Stolzenfels)

Nördlich von Schloss Stolzenfels, auf einem Plateau im Koblenzer Stadtwald, befindet sich der Aussichtspunkt **Rittersturz,** wo sich der Legende nach ein Ritter in den Abgrund stürzte. Bekannt ist der Ort aber vor allem, weil hier deutsche Geschichte geschrieben wurde: Vom 8. bis zum 10. Juli 1948 tagten elf westdeutsche Ministerpräsidenten, um über die Entstehung und Entwicklung des deutschen Staats zu entscheiden. Diese **Rittersturz-Konferenz** legte den Grundstein für die Gründung der Bundesrepublik Deutschland. Das Tagungs-Hotel existiert heute nicht mehr; seit 1978 erinnert ein Denkmal aus drei Basaltsäulen an die 3 Tage im Sommer.

Info
Rittersturz, Koblenzer Stadtwald, 56075 Koblenz

12

Burg Lahneck
Ausflug an die Lahn

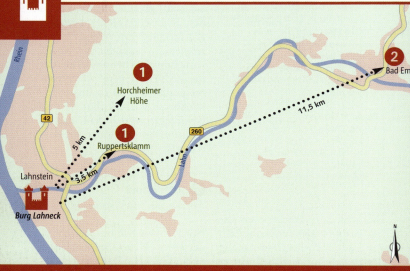

Außerdem sehenswert

1 Ruppertsklamm, Horchheimer Höhe ➤ S. 104   **2** Bad Ems ➤ S. 105

Burg Lahneck

Am Burgweg, 56112 Lahnstein, Tel. (0 26 21) 91 41 71
Apr.–Nov. tägl. 10–17 Uhr, 4 €
➤ **www.burg-lahneck.de**

Anfahrt PKW
A 48, AS 11, weiter über die B 42; Parkplätze Ahlerweg und
Am Burgweg (GPS 50.30451, 7.61701)

Anfahrt ÖPNV
Mit dem Stadtexpress (SE) 10 bis Bf. Oberlahnstein, etwa 30 Minuten
Fußweg (z. T. steil bergauf) durch die Burgstraße bis zur Ostallee,
links bis zum Krankenhaus, davor rechts in einen schmalen Weg
und über Stufen hinauf zur Burg

Essen + Trinken
Burgrestaurant Burg Lahneck
Tel. (0 26 21) 22 44, Di.–So. 10–22 Uhr

Ruppertsklamm

Tipps + Termine

Die **Führungen** – eine Besichtigung auf eigene Faust ist nicht möglich – gewähren Einblicke in den Rittersaal mit Waffensammlung und Rüstungen sowie in die Burgküche mit ihren original erhaltenen Kochutensilien. Jede volle Stunde bis 17 Uhr, im Eintrittspreis enthalten.

Die **Kerzenführungen** bieten die einzigartige Möglichkeit, Burg Lahneck bei Nacht zu entdecken. Bei Fackelschein begleiten erfahrene Führer durch das alte Gemäuer und unterhalten mit kleinen Anekdoten und so mancher unbekannten Burggeschichte. Fr., Touristinformation Lahnstein, Salhofplatz 3, 56112 Lahnstein, Tel. (0 26 21) 9 14-171, 8 €
➤ www.lahnstein.de

Burg Lahneck

Anlage

Oberhalb der Stadt Lahnstein, wo die Lahn in den Rhein mündet, erhebt sich die mächtige, spätstaufische Burg Lahneck. Sie wurde auf einem rechteckigen Grundriss als Wehranlage errichtet und gehört zu den Spornburgen. Von der südlichen Seite, die im Fall eines Angriffs als die schwächste Stelle galt, ist sie von einer dicken Schildmauer mit zwei Eckrundtürmen umgeben. Davor befanden sich früher zwei Zwinger, die die Burganlage zusätzlich schützen sollten. Vom äußeren ist heute nur noch ein Torbau zu sehen. Über eine Zugbrücke erreicht man den Burghof. Der seltene, fünfeckige Bergfried der Hauptburg ist rund 29 Meter hoch und beherbergt vier Stockwerke,

die über eine Wendeltreppe zu betreten sind. Ihm gegenüber steht der Palas, der einem mittelalterlichen Bauwerk ähnelt, obwohl er erst im 19. Jahrhundert im Stil der Neugotik errichtet wurde. Die Burgräume sind leider nicht mehr mit dem ursprünglichen Mobiliar ausgestattet, hier befinden sich historische Möbel und Kunstgegenstände aus verschiedenen Epochen. An der Ostseite des Burghofes steht die kreuzförmige Burgkapelle. Sie stammt aus dem Jahr 1245 und wurde dem heiligen Ulrich geweiht. Fünf große Fenster im Chorraum, mit wunderschön gearbeiteten Glasmalereien, durchfluten das Gotteshaus mit Licht.

Geschichte

Die Geschichte von Burg Lahneck begann 1226, als der Mainzer Erzbischof Siegfried von Eppstein ihren Bau anordnete, um sein großes Gebiet an der Lahn und damit seinen Einflussbereich zu schützen. Dort befand sich unter anderem auch ein Silberbergwerk, das als Lehen vom Mainzer Erzbistum genutzt wurde. Die Burg stand allerdings unter der weltlichen Obhut der Adeligen aus der Umgebung Lahnsteins. Zur Burganlage gehört auch die St.-Ulrich-Kapelle. Gläubigen, die hier an einem Gottesdienst teilnahmen, versprach Papst Johannes XXII. 1332 einen 40-tägigen Ablass. Im 15. Jahrhundert wurde das Gelände mit einer kräftigen Ringmauer verstärkt, gleichwohl wurde die Burg im Dreißigjährigen Krieg massiv beschädigt, sodass sie an Bedeutung verlor. Das Gemäuer blieb unbewohnt und wurde als Steinbruch genutzt. Doch gerade dieser Zustand machte sie für Rheinromantiker des 19. Jahrhunderts besonders interessant: Prominentester Besucher war Johann Wolfgang von Goethe, der auf seiner Lahn-Reise 1774 hier Station machte. Der Anblick der verfallenen Burg inspirierte ihn zu dem Gedicht *Geistesgruß,* das mit den Worten beginnt: „Hoch auf des Turmes Zinnen steht des Helden edler Geist."

Während der Säkularisierung ging die Burg an das Herzogtum Nassau über und verfiel immer mehr. 1909 erwarb der Kaiserliche Vizeadmiral Robert Mischke die im Stil der Neugotik wieder aufgebaute Burg; seitdem ist sie im Besitz der Familie.

1851 soll die Ruine Schauplatz einer Tragödie gewesen sein: Auf ihrer Rheinreise machte die englische Familie Dubb auch in Lahnstein Halt. Die älteste Tochter Idilia verließ eines Tages allein mit ihrem Zeichenblock die Herberge und kehrte nie zurück. Als auch die aufwendige Suche nach ihr erfolglos blieb, kehrte die Familie voller Trauer ohne die Tochter nach England zurück. Erst Jahre später, als die Ruine der Burg Lahneck restauriert werden sollte, entdeckten Arbeiter 1862 das Skelett des Mädchens. Ihren letzten Tagebuchaufzeichnungen zufolge erklomm sie den Turm über eine marode Holztreppe, die unmittelbar hinter ihr einstürzte und sie zur Gefangenen machte. Nach 4 qualvollen Tagen soll sie ihrem Hunger und Durst erlegen sein.

Heutige Nutzung

Obwohl die Burg sich in Privatbesitz befindet und noch teilweise bewohnt wird, steht der Großteil der Anlage zur Besichtigung offen. Bei kleinen Gästen ist besonders das 1,80 Meter große, vollständig eingerichtete Puppenhaus beliebt; die herrliche Aussicht vom Bergfried auf das Rhein- und Lahntal beeindruckt hingegen alle Besucher.

Im Burgrestaurant Lahnstein schmaust man in rustikaler Atmosphäre regionale und internationale Gerichte. Ab 20 Personen sind auch Rittermahle buchbar.

Ruppertsklamm

Natur + Erlebnis
- **Ruppertsklamm**, über die B 260
  ➤ www.ruppertsklamm.de
- **Horchheimer Höhe**, über die B 49 und Alte Heerstraße

Essen + Trinken
- **Zum Schleusenhäuschen**
  Emser Landstraße 20
  56122 Lahnstein
  Tel. (0 26 21) 62 73 12
  So. ab 10, Apr.–Okt.
  auch Mo.–Sa. ab 11 Uhr
  ➤ www.schleusenhäuschen-lahnstein.de

❶ Ruppertsklamm und Horchheimer Höhe

(3,5 bzw. 4,5 km von Burg Lahneck)

Das historische Lahnstein zu Füßen der Burg ist in jedem Fall einen Besuch wert. Wen es aber in die Natur zieht, der sollte sich die wunderschöne Landschaft an der Lahn nicht entgehen lassen. Wildromantisch präsentiert sich die **Ruppertsklamm,** eine 2 Kilometer lange Felsenschlucht, die bereits seit 1936 Naturschutzgebiet ist. Ein Wanderweg führt an Schwarzerlen und Totholz vorbei, zwischendrin sichern Seile den abenteuerlichen Anstieg – festes Schuhwerk ist unbedingt notwendig. Unterhalb der Ruppertsklamm lockt das Restaurant Zum Schleusenhäuschen mit deutscher Küche und einem Biergarten direkt am Yachthafen.

Ein weiteres Naturschutzgebiet sind die **Horchheimer Höhen** im Koblenzer Stadtteil Lahnstein, ein ehemaliger Truppenübungsplatz, der bis in die 1990er-Jahre in Betrieb war. Der Naturschutzbund (NABU) legte dort eine halboffene Weidelandschaft an, in der Taurusrinder und Konikpferde, aber auch Schmetterlinge und Molche zu Hause sind. Verschlungene Spazierwege führen über das Gelände mit Aussichtspunkten und Picknickplätze laden zum Verweilen ein.

Bad Ems

❷ Bad Ems

(11,5 km von Burg Lahneck)

Westlich von Lahnstein lohnt sich ein Besuch von **Bad Ems,** das seinen insgesamt 17 Heilquellen den Namen Kaiserbad verdankt. Repräsentative Bauten und ansprechende Bäderarchitektur bestimmen das Stadtbild. An der Lahn-Promenade steht das **Barocke Badeschloss** sowie das **Haus Vier Türme,** das Zar Alexander II. als Sommerresidenz nutzte. Der **Benedetti-Stein** erinnert an ein Geschichtsereignis, das als **Emser Depesche** bekannt wurde: König Wilhelm I. traf sich an der Lahn mit dem französischen Botschafter Graf Benedetti, wovon nach Berlin berichtet wurde. Diese Nachricht wurde von Otto von Bismarck derart verändert, dass sie 1870 den Deutsch-Französischen Krieg auslöste. Kurioses erleben wir im Café Yellow Submarine, wo ein **Beatles Museum** eingerichtet ist.

Fans der Pilzköpfe können Schallplatten, T-Shirts, Becher, Bücher, Briefmarken und unzählige weitere Ausstellungsstücke bestaunen. Hoch hinaus führt die **Kurwaldbahn:** Auf einer Länge von 220 Metern überwindet sie einen Höhenunterschied von 132 Metern – und ist damit die steilste Standseilbahn der Welt.

Info

- **Bad Ems** mit **Barockem Badeschloss** (Römerstraße 1), **Haus Vier Türme** und **Benedetti-Stein** (Platz der Partnerschaften) **Beatles Museum** im Café Yellow Submarine, Römerstraße 19, 56130 Bad Ems, Tel. (0 26 03) 7 00 98 98, Apr.–Nov. Mo.–Fr. 14–22, Sa. 14–24, So. 13–18 Uhr, Eintritt frei
  ➤ www.beatles-museum-bad-ems.de
- **Kurwaldbahn,** Talstation Römerstraße 18, 56130 Bad Ems, Tel. (0 26 03) 9 73-0, 3 €
  ➤ www.kurwaldbahn.de

13 Schloss Martinsburg
Von Karnevalsjecken und Jakobspilgern

1 Lahnstein

Schloss Martinsburg

2,5 km

2 Koppelstein-Helmestal

Außerdem sehenswert

1 Lahnstein ➤ S. 110   2 Koppelstein-Helmestal ➤ S. 111

Schloss Martinsburg

Max-Schwarz-Straße 1, 56112 Lahnstein

Fastnachtsmuseum
Mai–Okt. So. 15–16.30 Uhr, Eintritt frei

Anfahrt PKW
A 48, AS 11, weiter über die B 42;
Parkplätze an der Burg (GPS 50.29321, 7.61237)

Anfahrt ÖPNV
Mit dem Stadtexpress (SE) 10 bis Bf. Oberlahnstein, etwa 5 Minuten
Fußweg Richtung Rheinufer, dann links

Schloss Martinsburg

Anlage

Durch ein Tor, über dem sich ein schmuckvoller Erker befindet und das bis heute sein schweres Gitter behalten hat, gelangt der Besucher auf das Schlossgelände mit dem kleinen, viereckigen Innenhof. Der mächtige Bergfried wurde im gotischen Stil auf einem sechseckigen Grundriss errichtet. Durch seine dunkle, unverputzte Bruchsteinfassade bildet er einen schönen Kontrast zu den übrigen, weiß verputzten Schlossgebäuden und den roten Türen und Fensterläden. Ein schöner Spitzbogenfries schmückt den oberen Teil des Turms, der mit einer Höhe von 28 Metern etwa im Jahr 1400 erbaut wurde.

Der Weinsberger Turm ist kleiner als der Bergfried und im Gegensatz zu ihm hell gestrichen und mit einem Rundbogenfries verziert. Als Tor war er früher Teil der Stadtmauer und gewährte Zugang auf den in 7 Metern Höhe gelegenen Wehrgang. Außerdem wurde er als Verlies genutzt. Zum Rhein hin steht das barocke Wohnhaus, das von kleinen trapezförmigen Treppen flankiert wird.

Geschichte

Schloss Martinsburg, einer der wenigen historischen Bauten am Mittelrhein, die nicht zerstört wurden, war früher unter dem Namen Burg Lahnstein bekannt und wurde im 13. Jahrhundert zur Zoll-Erhebung direkt am Rhein erbaut, da sich Burg Lahneck abseits auf einer Anhöhe ◀S.101

befand. Urkunden belegen, dass hier zuvor bereits ein befestigter Bau zur Überwachung der Schifffahrt stand. Diese Anlage war ursprünglich eine Wasserburg, was heute allerdings nicht mehr zu erkennen ist.

Der Wohnbereich gehört mit seinen zwei Ecktürmen zu den ältesten Bereichen des Schlosses; die Besitzer ließen zwischen dem 14. und 18. Jahrhundert zahlreiche Umbauten und Erweiterungen vornehmen: Zuerst veränderten sie große Teile der Nordwestseite, später dann den südöstlichen Flügel. Im 18. Jahrhundert kam das barocke Wohngebäude hinzu.

Bis 1803 gehörte das Schloss zu Kurmainz, später befand es sich im Besitz des Herzogtums Nassau und ging schließlich an den preußischen Staat über.

Heutige Nutzung

Heute befindet sich das Schloss in Privatbesitz und ist in einzelne Wohnungen und Büroflächen unterteilt. Besucher sind in dem ehrenamtlich geführten Fastnachtmuseum herzlich willkommen. Das *Carneval Comité Oberlahnstein* zeigt hier seit 1996 Uniformen, Kostüme, Narrenkappen und Orden des rheinischen Frohsinns.

Park

Zu Schloss Martinsburg gehört eine kleine öffentliche Grünanlage, die durch ein schön geschwungenes Eisentor zwischen zwei Löwenskulpturen betreten werden kann. Kleine Beete mit Rosen und bunten Blumen laden zu einer Rast hinter den Schlossmauern ein.

① Lahnstein
(Unmittelbare Umgebung)

Die heutige Stadt **Lahnstein,** die durch eine Zusammenführung der beiden eigenständigen Städte Niederlahnstein und Oberlahnstein im Jahr 1969 entstand, kann auf eine bewegte Geschichte zurückblicken, die bis in die Römerzeit reicht. Zu den sehenswerten Gebäuden zählt vor allem das **Alte Rathaus,** in dem heute das Stadtarchiv untergebracht ist. Das gut erhaltene Fachwerkhaus aus dem 15. Jahrhundert vereint gotische und barocke Eigenschaften: Im Erdgeschoss befindet sich eine gotische Halle, die in früheren Zeiten als Schauplatz für den Markt diente. Der Dachreiter samt Feuerglo-cke ist mit seiner rundlichen Spitze im Stil des Barock gefertigt. Allgegenwärtig sind die Überreste der Stadtbefestigung. Dazu gehört auch der mächtige, achteckige **Hexenturm** aus dem 14. Jahrhundert. Er ist fast 30 Meter hoch und aus Bruchstein gefertigt. Hier befindet sich seit 1965 das Museum der Stadt Lahnstein. Von der Turmplattform aus bietet sich ein herrlicher Blick über die Stadt und die beiden Flüsse.

Auch das **Kihrstor** gehört zur ehemaligen Stadtbefestigung. Es wurde 1324 in der Nähe von Schloss Martinsburg, direkt am Rhein, aus Bruchstein errichtet. Auffällig ist der Zinnenkranz, der den quadratischen, massiven Turm des früheren Stadttors ziert. An

Kunst + Kultur
• Lahnstein ➤ www.lahnstein.de
• Altes Rathaus (Hochstraße 34), **Hexenturm, Kihrstor, Stadtmauerhäuschen** (Hintermauergasse 19), **Königshof Salhof** (Hintermauergasse 19) und **Jakobushäuschen** (Altgasse)

Essen + Trinken
• **Maximilians Brauwiesen** Didierstraße 25, 56112 Niederlahnstein, Tel. (0 26 21) 92 60 60, Mo.–Do. u. So. 11–24, Fr. u. Sa. 11–1 Uhr
➤ www.maximilians-brauwiesen.de
• **Historisches Wirtshaus an der Lahn,** Lahnstraße 8, 56112 Lahnstein, Tel. (0 26 21) 78 49, Mi.–So. ab 11.30 Uhr
➤ www.wirtshaus-an-der-lahn.info

Stadtmauerhäuschen

der Fassade zeigen Schilder, wie weit der Rhein während des Hochwassers 1888 über die Ufer getreten ist.

In der Hintermauergasse steht das **Stadtmauerhäuschen,** das um 1700 erbaut wurde. Es ist, wie der Name bereits andeutet, ein in die Stadtmauer integriertes Fachwerkgebäude, das früher als Herberge für die Nachtwächter diente.

Ein Stückchen rheinabwärts stoßen wir auf die gut erhaltenen Überreste des fränkischen **Königshofs Salhof.** Seine ältesten Bauteile stammen aus dem 12. Jahrhundert; das gesamte Bauwerk wurde allerdings im 17. Jahrhundert nach den Standards des Barock umgestaltet. Heute ist hier die Stadtverwaltung untergebracht. Seit 2012 finden auf dem Salhofplatz die jährlichen **Freilichtspiele** statt, die früher auf Burg Lahneck veranstaltet wurden. Das Sommertheater auf der Freilichtbühne ist sehr beliebt und bietet 400 Zuschauern Platz.

In der Altgasse steht ein kleines Fachwerkhaus aus dem 18. Jahrhundert, das sogenannte **Jakobushäuschen.** Die Fassade wurde bei der Restaurierung in den 1970er-Jahren mit einer Inschrift versehen, die auf den Pilgerweg nach Santiago de Compostela hinweist. Auch auf anderen Gebäuden in Lahnstein findet sich das Pilgerzeichen, die gelbe Muschel auf blauem Grund, da die Strecke zwischen Wetzlar und Lahnstein

zu den großen Wegen Richtung Spanien zählt.

Auf den **Maximilians Brauwiesen,** direkt am Rheinufer, wird das Bier bis heute nach alten Rezepturen unter dem Reinheitsgebot von 1516 gebraut. Neugierige und Kenner eines der ältesten Getränke der Welt kommen hier definitiv auf ihre Kosten. Das **Historische Wirtshaus an der Lahn** ist durch seinen massiven runden Turm, früher eine Zollstation, bereits aus der Ferne gut zu erkennen. Das Fachwerkhaus beherbergt schon seit vielen Jahren ein Gasthaus, in dem bereits Goethe einkehrte. Erlesene Weine und delikate Speisen verwöhnen die heutigen Gäste.

❷ Koppelstein-Helmestal

(2,5 km von Schloss Martinsburg)

Westlich an Lahnstein grenzt das 68 Hektar große Naturschutzgebiet **Koppelstein-Helmestal** an, durch das Spazierwege und kleine Pfade führen. Auf seinen Magerwiesen und Halbtrockenrasen gedeihen bis zu 20 verschiedene Orchideensorten. Das Gelände, das von Ziegen wuchsfrei gehalten wird, ist außerdem Heimat von über 500 Schmetterlingsarten.

Info
Koppelstein-Helmestal
über die B 42

Braubach

1 km

327

42

Rhein

Marksburg

2 Burgenlehrpfad

N

Außerdem sehenswert

1 Braubach ➤ S. 119   **2 Burgenlehrpfad** ➤ S. 119

Marksburg

56338 Braubach, Tel. (0 26 27) 5 36
März–Okt. tägl. 10–17, Nov.–März tägl. 11–16 Uhr, 6 €
➤ **www.marksburg.de**

Anfahrt PKW
A 48, AS 11, weiter über die B 42; Parkplätze unterhalb der Burg
(GPS 50.27319, 7.65032)

Anfahrt ÖPNV
Mit dem Stadtexpress (SE) 10 bis Bf. Braubach, etwa 20 Minuten Fußweg,
der Beschilderung über die Rhein- und Oberalleestraße folgen

Im Rittersaal

Marksburg

Anlage

Die Marksburg wurde auf einem drei-
eckigen Grundriss aus Bruchsteinen
errichtet, die später verputzt wurden.
Sie ist die einzige Höhenburg am Mittelrhein, die nie zerstört wurde und
vermittelt so auch heute noch authentische Mittelalter-Atmosphäre.

Um die Anlage zu betreten, passiert
der Besucher drei Torbauten hinterein-
einander: Das weiße Zugbrückentor
mit Rundbogenfries, über eine kleine
Holzbrücke zu erreichen, ist das äußers-
te von ihnen. Es folgen eine lange,
steinerne Poterne und das Fuchstor.
Im Torzwinger wartet der Vogtsturm.
Er verfügt über einen Wurferker, von
dem aus potenzielle Feinde mit Steinen
und Pfeilen beschossen werden konnten. Aus dem früheren Glauben, dass
Angreifer auch mit Pech übergossen

wurden, resultiert sein bis heute gän-
giger Beiname Pechnase. Die Reiter-
treppe führt zur Kernburg hinauf. Sie
ist im eigentlichen Sinne keine Treppe,
sondern besteht lediglich aus schmalen,
in den Fels geschlagenen Stufen, die
auch für Pferd und Reiter gut zu über-
winden war.

Das Erscheinungsbild der Burg wird
im Wesentlichen durch den freistehen-
den Bergfried geprägt, der sich auf
dem höchsten Punkt befindet und etwa
40 Meter misst. Der untere Teil des
viereckigen Turms stammt aus dem
13. Jahrhundert, der obere, ein soge-
nannter Butterfassaufsatz, wurde erst
im 15. Jahrhundert angebracht. Die
Grafen von Katzenelnbogen führten
dieses damals für die deutsche Baukunst
noch fremde Stilelement nach ihren
Reisen in das europäische Ausland
auch in ihrer Heimat ein. Der mehr-
stöckige Turm, dessen Hauptzugang

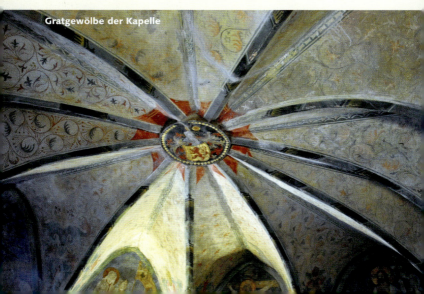

Gratgewölbe der Kapelle

sich in einer Höhe von 8 Metern befindet und direkt in die zweite Etage führt, beherbergt im untersten Geschoss das Burgverlies. Im Mittelalter war der Turm nur über eine Holzleiter zu erreichen, die jederzeit eingezogen werden konnte. Heute wird es den Besuchern glücklicherweise leichter gemacht.

Der erste Weg im Hauptgebäude führt in den alten Weinkeller und die Burgküche mit großem Kamin. Beide zeugen, ebenso wie die beheizte Kemenate, vom alltäglichen Leben in der Burg.

Zu den repräsentativen Räumlichkeiten der Burg gehört vor allem der Rittersaal, der Lebensmittelpunkt der Burgherren war und sozusagen als Ess-, Wohn- und Arbeitszimmer diente. Hier wurden rauschende Feste veranstaltet und erzählten fahrende Sänger von den Geschehnissen im Lande. Im Rheinbau befindet sich die Rüstkammer mit der beeindruckenden Gimbelschen Samm-

lung: Zwölf lebensgroße, gewandete Figuren zeigen Rüstzeug und Panzerung von der Antike bis zum 19. Jahrhundert. Neben zahlreichen Repliken wurden bei den ausgestellten Harnischen auch Originalteile verwendet. Münzen und Armbrustspitzen vervollständigen die Ausstellung.

Im sechsstöckigen Kapellenturm, einem Wachturm aus dem 14. Jahrhundert, ist seit Anfang des 20. Jahrhunderts auf der dritten Ebene die Burgkapelle untergebracht. Mit ihrem zehnteiligen, gotischen Gratgewölbe gehört sie zu den aufwendigsten Räumlichkeiten der Burg. Die in prächtigen Farben gestalteten Fresken stellen nicht nur Szenen aus dem Neuen Testament dar, sondern

zeigen auch den heiligen Markus, dem die Burg der Legende nach ihren Namen verdankt. In einer kleinen Nische an der Wand ist die Replik einer spätgotischen Madonna mit dem Jesuskind zu sehen.

Die Marksburg verfügte über ein Wehrsystem, von dem bis heute die Kleine und die Große Batterie erhalten sind. Erstere zeigt mit der Kammerbüchse die älteste Kanone Deutschlands, zweitere beherbergt Kartaunen von bis zu 1 Kilometer Reichweite.

Geschichte

Wahrscheinlich schon im 12. Jahrhundert befand sich oberhalb von Braubach ein repräsentativer Adelswohnsitz. An-

fang des 13. Jahrhunderts wurde der Bau der Marksburg, früher unter dem Namen Burg Braubach bekannt, von den Grafen von Eppstein – den Ortsherren von Braubach – in Auftrag gegeben. In den 1280er-Jahren kamen die Burg sowie der Ort Braubach, welcher 1276 seine Stadtrechte erhalten hatte, in den Besitz der Grafen von Katzenelnbogen. Sie gehörten zu den reichsten Adelsfamilien im Rheinland und verhalfen der Anlage durch Umbauten zu ihrer imposanten Form, die sie bis heute innehat. Ende des 15. Jahrhunderts starb die männliche Linie der Familie aus, und die Burg ging an die Landgrafen Hessen über, die mit dem Geschlecht von Katzenelnbogen durch eine Heirat verbunden waren. Sie führten weitere Umbauten durch, welche die Burg schließlich zur Festung werden ließen. Erst im 16. Jahrhundert verlor die Burg an Bedeutung, da sie nicht mehr den gestiegenen Ansprüchen des Adelsgeschlechts genügte. Etwas unterhalb wurde deshalb eine neue, repräsentative und moderne Schlossanlage, die Philippsburg, errichtet. Die ◀ S. 12 Marksburg verfiel daraufhin und verlor viel von ihrer einstigen Pracht; sie wurde lediglich noch als Garnison und Gefängnis genutzt. 1803 kam sie in den Besitz des Herzogtums Nassau, über ein halbes Jahrhundert später, 1866, ging sie an Preußen über. 1900 kaufte die Deutsche Burgenvereinigung die Anlage und sanierte sie mithilfe des Architekten und Burgenforschers Bodo Ebhardt. Kleinere Schäden aus dem Zweiten Weltkrieg konnten später schnell behoben werden.

Terrasse der Marksburg-Schänke

Heutige Nutzung

Heute zählt die Burg zu den prächtigs-ten mittelalterlichen Burgen am Rhein. Eine authentische Nachbildung in Ori-ginalgröße steht sogar im japanischen Vergnügungspark Ueno German Cul-ture Village. Im Romanischen Palas ist die Geschäftsstelle der Deutschen Bur-genvereinigung untergebracht; die üb-rigen Räumlichkeiten stehen den Be-suchern offen. Direkt auf der Burg bietet die Marksburg-Schänke kalte und warme Speisen an. Bei schönem Wetter sollte unbedingt auf der Ter-rasse Platz genommen werden.

Garten

Rund 150 Pflanzen umfasst der burg-eigene Kräutergarten im ehemaligen Zwinger. Alte Gewächse wie Alant, Sumpfdotterblume und Mutterkraut wachsen hier ebenso wie Minze, La-vendel und Salbei.

Tipps + Termine

Die Marksburg ist im Rahmen von **Führungen** zu besichtigen, die in etwa 50 Minuten über die gesamte Anlage leiten. März–Nov. mehrfach in der Stunde, Dez.–März zur vollen Stunde, im Eintrittspreis enthalten.

Alle zwei Jahre findet das **Living-History-Wochenende** statt, an dem das alltägliche Leben im Mittelalter gezeigt und erklärt wird. Etwa 50 Mitwirkende „bespielen" dann die Szenerie.
Tel. (0 26 27) 97 60 01
➤ www.braubach.de

Der Festsaal der **Marksburg-Schänke** wird außerdem für Vorträge, Konzerte und Kleinkunst-veranstaltungen genutzt.
Tel. (0 26 27) 97 12 40
Sommer tägl. 10–18
Winter tägl. 11–17 Uhr
➤ www.marksburg-schaenke.de

Strömt herbei ihr lieben Zecher,
Labet euch bei mir am Wein,
Und bei jedem neuen Becher,
Wird mehr Sorg verschwunden
sein.

**BAUERNSCHANKE
ECK-FRITZ**

Der Eck-Fritz ist ein Unikat

❶ Braubach

(1 km von der Marksburg)

Die Stadt **Braubach** unterhalb der Marksburg lädt mit ihren verwinkelten Gassen und den alten Fachwerkhäusern zu einem Spaziergang ein. Das **Kriegerdenkmal** zählt zu den imposantesten Denkmälern des Ortes. Es wurde aus Bruchstein erbaut und erinnert an die Gefallenen des Deutsch-Französischen sowie Ersten Weltkriegs. Das **Obertor** war einst das östliche Stadttor und diente als Kontrollstelle auf dem Handelsweg. Hinter ihm liegt das kleine **Bauernmuseum** in einer aus dem 13. Jahrhundert stammenden Mühle der Grafen von Katzenelnbogen. Mühlrad und -stock sowie bäuerliche Gerätschaften, die offene Kochstelle und die rustikale Einrichtung mit originaler Westerwald-Keramik vermitteln ein authentisches Bild der Vergangenheit. Ein absolutes Muss in Braubach ist die alte **Bauernschänke Eck-Fritz** mit gutbürgerlicher Küche. Das schmale Fachwerkhaus liegt im Herzen der Stadt und stillt seit dem 16. Jahrhundert den Hunger und Durst seiner Gäste. Im **Landgasthof Zum Weißen Schwanen** garantiert die Kombination aus mittelalterlich eingerichteten Räumlichkeiten und moderner Küche ein sinnliches Erlebnis der besonderen Art. Nicht umsonst wurde er zu den beliebtesten Landgasthöfen in Rheinland-Pfalz gewählt. Nachmittags locken selbst gebackene Kuchen und Torten.

Kunst + Kultur
- Braubach ➤ www.braubach.de
- Kriegerdenkmal
- **Obertor** und **Bauernmuseum**, Brunnenstraße 4, 56338 Braubach, Tel. (0 26 27) 98 20, tägl. 10–20 Uhr, Eintritt frei

Essen + Trinken
- **Bauernschänke Eck-Fritz** Untermarktstraße 12, 56338 Braubach, Tel. (0 26 27) 6 77, Di.–So. ab 11 Uhr
- **Landgasthof Zum Weißen Schwanen** Brunnenstraße 4, 56338 Braubach, Tel. (0 26 27) 982-0, Mo., Di. u. Do.–Sa. 18–22, So. 11–22 Uhr ➤ www.zum-weissen-schwanen.de

❷ Burgenlehrpfad

(Unmittelbare Umgebung)

Zwischen der Marksburg und dem Schloss Philippsburg verläuft der **Burgenlehrpfad,** auf dem 14 blaue Tafeln den Wanderer mit spannenden Informationen versorgen: Wie wurde die Wasserversorgung auf einer Burg sichergestellt? Wie verlief der Alltag auf dem Hof? Und was aß und trank man seinerzeit? Nach dem rund 45-minütigen Spaziergang durch die waldreiche Landschaft bleiben keine Fragen offen.

Info
Burgenlehrpfad
➤ www.marksburg.de

15 Schloss Philippsburg
Vom Renaissance-Garten über den Rosengarten in den Naturpark

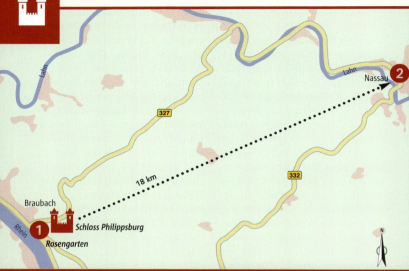

Außerdem sehenswert

1 Braubacher Rosengarten ➤ S. 124   **2** Nassau ➤ S. 125

Schloss Philippsburg

Schlossstraße 5, 56338 Braubach, Tel. (0 26 27) 97 41 56

Garten und Innenhof
jederzeit frei zugänglich

Burgenbibliothek
Mo.–Do. 10–16.30, Fr. 10–13 Uhr, Eintritt frei

Anfahrt PKW
A 48, AS 11, weiter auf der B 42;
Parkplätze an der B 42 (GPS 50.27014, 7.64733)

Anfahrt ÖPNV
Mit dem Stadtexpress (SE) 10 bis Bf. Braubach, etwa 8 Minuten Fußweg
über die Friedrichstraße und die Untermarktstraße

Im Renaissance-Garten

Schloss Philippsburg

Anlage

Das Renaissance-Schloss wurde auf den Fundamenten der alten Stadtmauer zum Rhein hin erbaut. Das repräsentative Hauptgebäude war ursprünglich dreigeschossig mit dekorativen Giebeln und Zwerchhäusern im Steildach, die jedoch später entfernt wurden. Zu-

dem gehörten zwei dicke Rundtürme und eine Schutzmauer zum Schlossgelände, in der sich Schießscharten befanden. Ein mit Zinnen verzierter Turm verbindet das Haupthaus mit einem Seitenflügel und grenzt an den Renaissance-Garten an. An der Hangseite befinden sich ein freistehendes ehemaliges Amtsgebäude sowie ein rustikaler Weinkeller.

Geschichte

Die Geschichte des Schlosses Philippsburg ist eng mit der Marksburg verbunden. Als diese den Ansprüchen der
Bewohner nicht mehr gerecht wurde,
beauftragte Landgraf Philipp II. von
Hessen-Rheinfels im 16. Jahrhundert
den hessischen Architekten Anton
Dauer, für sich und seine Frau ein
neues, repräsentatives und zeitgemä-
ßes Anwesen zu bauen. Von 1568 bis
1571 entstand so, unmittelbar am
Rheinufer und unterhalb der Marksburg, das prächtige Schloss Philippsburg, die erste Renaissance-Residenz
am Mittelrhein.

Nach dem Tod des Landgrafen wurde
die Schlossanlage von seiner Witwe
Anna Elisabeth von der Pfalz bewohnt.
Später fiel das Schloss an Johann den
Streitbaren. Nachdem auch dieser ver-
storben war, blieb die Anlage unbewohnt und verwahrloste. 1802 wurde
das mittlerweile heruntergekommene
Schloss vom Herzogtum Nassau übernommen, das Restaurierungen durchführen ließ. Bei den Arbeiten stellte
sich jedoch heraus, dass die obere Etage
und die schmuckvollen Elemente wie
Giebel und Zwerchhäuser auf Grund
von Baufälligkeit entfernt werden mussten. Nach der Renovierung wurde das
Gebäude viele Jahre als Amtsgericht
genutzt. Darauf folgte ein Hotel, was
noch einmal maßgeblich zur Umge-
staltung beitrug. Und auch der Bau der
Eisenbahnlinie durch das Rheintal brachte weitere Veränderungen mit sich: Für
die rechtsrheinische Bahnstrecke mussten die südliche Vorburg, ein Turm
sowie Teile der Befestigung weichen.

114 ▶

Heutige Nutzung

1997 erwarb die Deutsche Burgenvereinigung Schloss Philippsburg und
errichtete hier 2 Jahre später ihr Euro-
päisches Burgeninstitut. Die Burgenbibliothek steht allen Interessierten zur
weiterführenden Lektüre offen. In dem
ehemaligen Wirtschaftsgebäude sind
heute Wohnungen untergebracht.

Garten

Der schöne Renaissance-Garten ist einer von nur zwei Gärten in ganz Rheinland-Pfalz, die in diesem Stil angelegt
wurden. Bei der Renovierung der
Schlossanlage wurde der Garten an-
hand eines Grundrisses von 1607/08
rekonstruiert. Die neue Gartenanlage
besteht aus sechs kleinen quadratischen Zierbeeten, in denen sich, sym-
metrisch angeordnet, für die damalige
Epoche typische Blumen, Kräuter und
Nutzpflanzen befinden. Zierelemente
wie Brunnen und Sitzbänke lockern den
Garten auf.

Braubacher Marktstuben

Kunst + Kultur

• **Braubach** ➤ www.braubach.de
• **Rosengarten,** am Rhein zwischen
  B 42 und Vorderer Zehngasse

Essen + Trinken

• **Braubacher Marktstuben**
  Marktplatz 7, 56338 Braubach,
  Tel. (0 26 27) 97 17 12,
  Mo. u. Mi.–So. ab 11 Uhr
  ➤ www.braubacher-
     marktstuben.de
• **Gaststätte Forstmühle**
  Im Mühltal, 56338 Braubach,
  Tel. (0 26 27) 3 57,
  Mo. u. Mi.–Fr., 13–21,
  Sa. u. So. ab 10 Uhr
  ➤ www.forstmuehle-braubach.de

❶ Braubacher Rosengarten

(Unmittelbare Umgebung)

Direkt auf der anderen Seite der
Bahngleise erstreckt sich am
Rheinufer ein wunderschön an-
gelegter **Rosengarten.** Auf hübschen Wegen lässt sich durch die
Anlage flanieren oder mit Blick
auf den Fluss eine Pause einlegen.
Ein Rundweg führt von hier durch
das historische Braubach und wieder zurück zu Schloss Philipps- ◄ S. 12
burg.

Mitten in der Altstadt verwöhnt das stilvolle Restaurant
Braubacher Marktstuben Fleisch-
liebhaber und Vegetarier gleicher-
maßen. Leckere Hausspezialitäten

Obertor in Braubach

❷ Nassau

(18 km von Schloss Philippsburg)

Für einen kleinen Ausflug bietet sich **Nassau** an. In der Ortsmitte befindet sich das **Steinsche Schloss,** das den Freiherren von und zum Stein gehörte. Die Anlage besteht aus mehreren Gebäuden, die dicht aneinander stehen. Die älteren Teile entstanden im 17., die neueren im 18. und 19. Jahrhundert. Das Hauptgebäude wurde im Renaissancestil erbaut, die späteren Flügel mit barocken Elementen verziert. An der Südseite befindet sich auch ein dreistöckiger, achteckiger Turm, der in neugotischer Form vom berühmten Koblenzer Architekten Johann Claudius von Lassaulx entworfen wurde.

Ganz in der Nähe steht das **Rathaus** aus dem 17. Jahrhundert, auch Adolzheimer Hof genannt. Der strahlend rote Fachwerkbau ist schon von Weitem zu erkennen. 120 Meter oberhalb der Stadt thront **Burg Nassau.** Ihr markanter 33 Meter hoher Bergfried entstand im 14. Jahrhundert, der Palas schon im 13. und der Wohnturm sogar schon im 12. Jahrhundert.

Sowohl Nassau als auch Braubach gehören zum **Naturpark Nassau,** der mit 590 Quadratkilometern zu ausgedehnten Wanderungen genauso wie zu kleinen Spaziergängen einlädt.

können direkt auf der Terrasse genossen werden, während der Blick auf das Treiben am Marktplatz fällt. Etwas außerhalb erwartet uns die urige **Gaststätte Forstmühle** mit herzhaften Kleinigkeiten und selbst gebackenem Kuchen. Der kleine Ferienhof mit Ponys und Eseln, der in einer alten Mühle von 1800 untergebracht ist, liegt idyllisch mitten in schönster Natur.

Info
- **Nassau** mit **Steinschem Schloss**
  Am Marktplatz
- **Rathaus** (Am Adelsheimer Hof 1)
  und **Burg Nassau** (Burgbergweg)
- **Naturpark Nassau**
  ➤ www.naturparknassau.de

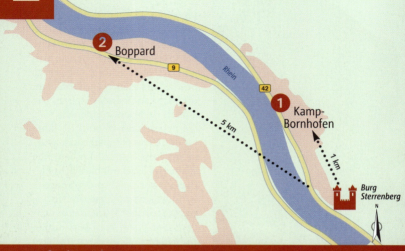

Burg Sterrenberg

Zu den Burgen, 56341 Kamp-Bornhofen, Tel. (0 67 73) 3 23
Das Burggelände ist jederzeit frei zugänglich
➤ **www.burg-sterrenberg.de**

Anfahrt PKW
Über die B 42 bzw. L 334 und K 103;
Parkplätze an der Burg (GPS 50.21314, 7.63402)

Anfahrt ÖPNV
Mit dem Stadtexpress (SE) 10 ab Frankfurt Hbf. oder Koblenz Hbf. bis Bf.
Kamp-Bornhofen, etwa 40 Minuten Fußweg, über die Kaufmannstraße,
Zeilerstraße und Marienstraße der Beschilderung folgen

Essen + Trinken
Café & Restaurant Burg Sterrenberg
März–Okt. Mo. u. Do.–So. ab 11, Nov. u. Dez. Sa. u. So. ab 11 Uhr

Die Feindlichen Brüder

Burg Sterrenberg

Anlage

Burg Sterrenberg gehört zu den Höhenburgen und liegt rund 150 Meter oberhalb des Rheins. Um den Burghof zu erreichen, passiert der Besucher eine Holzbrücke und zwei bogenförmige Tore, die in zwei aufeinander folgende Mauern, die Schild- und die Zwingermauer, integriert sind.

Auf dem zentralen Platz erhebt sich auf einem Felssockel der mächtige, viereckige Bergfried – der älteste Teil der Burg. Er weist noch romanische Züge auf. Der dreistöckige, weiße, mit Zinnen gekrönte Turm ist von einer eng anliegenden Mauer umgeben, die

ebenfalls auf dem Felsenrand errichtet wurde. Die Fläche zwischen dem Turm und der Bruchsteinmauer bildet einen schmalen Zwinger. Auch der Felssockel selbst, auf dem die gesamte Burganlage thront, ist von einer Ringmauer mit den charakteristischen Zinnen umgeben. Zum Rhein hin steht ein Wohnhaus im gotischen Stil, das in den 1970er-Jahren erbaut wurde und ein Restaurant beherbergt. Das ältere, zweistöckige Frauenhaus liegt an der Nordostseite des Burggeländes. Besonders sein runder Treppenturm tritt im Gegensatz zu dem quadratischen Bau deutlich hervor. Heute wird das Frauenhaus von den Pächtern der Burg bewohnt.

Geschichte

Wahrscheinlich 1100 erbaut ist Burg Sterrenburg die älteste Burg am Rhein. Sie gehörte als Lehen den Herren von Bolanden und war von verschiedenen Ritterfamilien bewohnt, so auch von den von Sterrenbergs, die der Burg ihren Namen gaben. Der Sage nach war die Familie von Bolanden so zerstritten, dass im 13. Jahrhundert in unmittelbarer Nähe eine Vorburg, die Burg Liebenstein, erbaut wurde. So gingen ◀ S. 136 die beiden Burgen als die bis heute bekannten Feindlichen Brüder in die Geschichte ein. Tatsächlich fanden hier aber wohl keine Geschwister-Kämpfe statt. Nur wenig später ging die Burg

Café-Terrasse

bereits als Reichspfand an die Grafen von Katzenelnbogen über. Gefolgt von verbitterten Auseinandersetzungen wurde schließlich der Erzbischof von Trier zu ihrem neuen Eigentümer und machte die Anlage zur Hauptburg auf seinem rechtsrheinischen Gebiet. Bereits im 14. Jahrhundert verlor sie aber wieder an Bedeutung zu Gunsten der Burg Maus, die zum damaligen Zeitpunkt bei Wellmich gebaut wurde. Burg Sterrenberg blieb zwar im Besitz des Kurfürstentums Trier, war jedoch unbewohnt und verfiel daher zusehends. Anfang des 19. Jahrhunderts kam sie

an das Herzogtum Nassau, einige Jahre später gelangte sie in preußischen Besitz. Nach dem Zweiten Weltkrieg fiel sie an das neu gegründete Land Rheinland-Pfalz, in dessen Besitz sich Burg Sterrenberg bis heute befindet.

Heutige Nutzung

Die Gebäude beherbergen heute das gemütliche Café & Restaurant Burg Sterrenberg und ein stilvolles Hotel. Hier kümmert man sich in gemütlicher Atmosphäre hoch über dem Rhein um das Wohl seiner Gäste. Das Burggelände ist frei zugänglich und die Besichtigung von außen zu jeder Zeit möglich. Nicht nur wegen ihrer Lage ist die Burg ein beliebter Ausflugsort. Von ihrem Plateau aus lassen sich das Rheintal und die benachbarte Burg Liebenstein – der „feindliche" Bruder – betrachten. Viele Wanderer machen hier Rast, da der beliebte Rheinsteig quer über die Burganlage führt.

Kloster Bornhofen

1 Kamp-Bornhofen

(1 km von Burg Sterrenberg)

Die kleine Ortschaft Kamp-Born-hofen, idyllisch zwischen Wein-hängen und Rhein gelegen, ist ein Marien-Wallfahrtsort. Pilgerziel ist das katholische **Kloster Born-hofen,** dessen Kirche zwischen dem 14. und 15. Jahrhundert er-baut wurde. Das Kloster selbst entstand im 17. Jahrhundert und wird von den Franziskanern ver-waltet. Seit 1998 kümmern sich Mönche aus der polnischen Kö-nigsstadt Krakau um die Anlage. Die kleine zweischiffige Kirche wurde im gotischen Stil errichtet, weist aber auch barocke Elemente auf, wie die Vorhalle mit ihren fünf Arkadenbögen und den Hoch-altar aus dem 18. Jahrhundert. Die

Kunst + Kultur
- **Kloster Bornhofen**
  Kirchplatz 2, 56341 Kamp-Born-
  hofen, Tel. (0 67 73) 95 97 80
  ➤ www.wallfahrtskloster-
    bornhofen.de
- **Flößer- und Schiffermuseum**
  Rheinuferstraße 34, 56341
  Kamp-Bornhofen, Mai–Okt. Mi.
  14.30–17.30 Uhr, Eintritt frei

Essen + Trinken
- **Weingut, Weinstube und
  Edelobstbrennerei Salzig**
  Rheinuferstraße 35,
  56341 Kamp-Bornhofen,
  Tel. (0 67 73) 95 96 82, ab 15 Uhr
  ➤ www.weingut-salzig.de
- **Landhotel Becker**
  Kirchplatz 4, 56341 Kamp-Born-
  hofen, Tel. (0 67 73) 2 44,
  tägl.11–14 u. 18–21 Uhr
  ➤ www. rheinhotel-becker.de

zentrale Sehenswürdigkeit und das Ziel der Pilger ist das Gnadenbild: eine Pietà, die wahrscheinlich aus dem 15. Jahrhundert stammt.

Das 1968 eröffnete **Flößer- und Schiffermuseum** gewährt Einblicke in die Zeit der Flößerei, Treidel- und Dampfschifffahrt. Die Ausstellung umfasst Bilder, Modelle und Zubehör. Direkt am Fluss bietet die **Weinstube Salzig** regionale Speisen und leckere Tropfen vom eigenen Weingut an. Das Restaurant im **Landhotel Becker** verwöhnt seine Gäste mit erstklassiger Küche. Nachmittags gibt es eine große Auswahl von leckeren Kuchen aus der hauseigenen Konditorei.

❷ Boppard

(5 km von Burg Sterrenberg)

Folgen wir dem Rhein ein kurzes Stück flussabwärts, erreichen wir den Anleger Filsen und können mit der Rheinfähre **Boppard,** die alte Römerstadt, erreichen. Im Stadtzentrum befindet sich die Ruine eines **römischen Kastells,** eines Militärlagers aus dem 4. Jahrhundert. Die massive römische Mauer, mit einer Dicke von bis zu 3 Metern, wurde bei Sanierungsarbeiten im Jahr 2009 freigelegt. Die römischen Befestigungen wurden noch im Mittelalter benutzt und erweitert. Es folgten zusätzliche Wehrbauten, wie der sogenannte **Säuerlingsturm** und die **Römerburg,** ein zweistöckiges Weinhaus, das Anfang des 20. Jahrhunderts in die massive Stadtmauer integriert wurde. Auf dem Marktplatz thront die zweitürmige, romanische **Kirche St. Severus.** Das strahlend weiß verputzte Gebäude entstand Ende des 13. Jahrhunderts innerhalb des römischen Kastells auf den Fundamenten ei-

Kastell

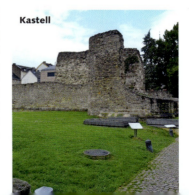

St. Severus von innen ...

... und von außen

nes Militärbads und prägt durch seine hohen Türme bis heute das Bild der Stadt. Im Innern beeindrucken vor allem das große Triumphkreuz aus dem 13. Jahrhundert und das 1966 frei gelegte Fundament eines Taufbeckens aus dem 5. Jahrhundert.

Direkt an der Rheinallee steht die **Karmeliterkirche.** Sie wurde im 14. Jahrhundert im gotischen Stil erbaut. Dem vorerst einschiffigen Bau wurde später ein schmales Seitenschiff hinzugefügt, sodass eine zweischiffige Hallenkirche entstand. Die damals eingebauten Glasfenster gingen später in private Sammlungen über und sind heute in verschiedenen Museen in Köln, Darmstadt, Glasgow und sogar New York ausgestellt. Der Innen-

raum ist reich verziert und beherbergt zahlreiche Madonnenfiguren, u. a. die sogenannte Traubenmadonna aus dem frühen 14. Jahrhundert. Jedes Jahr bringen die Winzer die ersten Trauben, die im Bopparder Hamm gelesen werden, der Madonna als Geschenk dar.

Info

- **Boppard** mit **Römischem Kastell,** (Kirchgasse/Ecke Angertstraße), **Säuerlingsturm** (Heerstraße), **Römerburg** (Burgplatz 3), **Kirche St. Severus** (Marktplatz) und **Karmeliterkirche** (Karmeliterstraße/ Heerstraße)
- **Rheinfähre Boppard** Pielstraße 7, 56154 Boppard, Tel. (0 67 42) 89 97 22, mehrmals tägl., 1,50 €
- ➤ **www.faehre-boppard.de**

17 Burg Liebenstein
Von den Feindlichen Brüdern mit dem Schiff über den Rhein

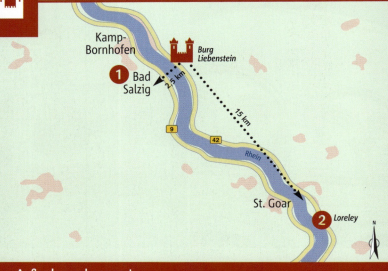

Außerdem sehenswert

1 Bad Salzig ➤ S. 138   **2** Loreley ➤ S. 138

Burg Liebenstein

Zu den Burgen, 56341 Kamp-Bornhofen am Rhein, Tel. (0 67 73) 3 08
Die Burganlage ist jederzeit frei zugänglich, Bergfried-Besteigung 0,50 €

Anfahrt PKW
Über die B 42 bzw. L 334 und K 103; Parkmöglichkeiten an der
Burg Liebenstein (GPS 50.21259, 7.63588)

Anfahrt ÖPNV
Mit dem Stadtexpress (SE) 10 ab Frankfurt Hbf. oder Koblenz Hbf. bis
Bf. Kamp-Bornhofen, von da etwa 40 Minuten Fußweg. Entweder am
Rheinufer nach links oder über die Kaufmannstraße, Zeilerstraße und
Marienstraße und dabei der Beschilderung folgen

Essen + Trinken
Café-Restaurant Burg Liebenstein
Tel. (0 67 73) 3 08 u. 2 51, März–Dez. Mo. ab 18, Di.–So. 7.30–22 Uhr
➤ www.castle-liebenstein.com

Loreley-Statue am Rhein

Burg Liebenstein

Anlage

Burg Liebenstein wurde als Höhenburg gebaut und ist die höchst gelegene Burg am Mittelrhein. Heute zeugen gut erhaltene Ruinen von seiner einstigen Pracht. Der repräsentative, an der Rheinseite errichtete Wohnturm aus dem frühen 14. Jahrhundert besteht bis heute und dient als Restaurant und Hotel. Er beherbergt ganze sieben Stockwerke, von denen aber drei als Keller und Souterrain unterhalb des Hofniveaus liegen. An das Gebäude aus Bruchstein wurde im 17. Jahrhundert ein weiteres Haus angebaut, das sich mit seinem Schrägdach und den weiß verputzten Wänden deutlich abhebt. Teile der Ringmauer, in die Wohnhäuser und -türme integriert wurden, sind noch erhalten. An der Südwestseite befand sich der Burgein-

gang, der auch heute noch gut zu erkennen ist; der Zugang zur Burg war über eine Klappbrücke möglich. An dem heutigen Eingang befindet sich noch ein Teil des mehrstöckigen Wachthauses. Wenige Meter weiter trifft der Besucher auf den teilweise zerstörten Bergfried. Er ist der älteste Teil der Burg und wurde auf einem Schieferfelsklotz mit viereckigem Grundriss zum Ende des 13. Jahrhunderts erbaut.

Geschichte

Burg Liebenstein und ihre Nachbarin Burg Sterrenberg sind als die Feindlichen Brüder bekannt. ◄ S. 12 Der Sage nach war die Adelsfamilie von Bolanden, die auf Burg Sterrenberg wohnte, so in Erbstreitigkeiten zerrissen, dass Albert von

Lewenstein als Ehemann einer Boland-Nichte Ende des 13. Jahrhunderts eine Vorburg erbauen ließ – Burg Liebenstein.

Bereits kurz nach ihrer Fertigstellung wurde sie von einer anderen Familie als Lehen übernommen und als Ganerbenburg genutzt: Sie wurde von mehreren Familien bewohnt und verwaltet. In dieser Zeit entstanden bis Mitte des 15. Jahrhunderts viele Wohnbereiche und Türme auf dem Burghof, die den Lebensraum der Erbparteien sichern sollten. Anfang des 16. Jahrhunderts befand sich die Anlage im Besitz Philipps von Liebenstein. Leider verfiel die Burg zusehends, sodass sie bereits nach kurzer Zeit unbewohnbar wurde und auch blieb. Nach mehreren Besitzerwechseln ist heute die Familie von Preuschen Eigentümer, die die Ruinen in den 1970er-Jahren restaurieren ließ.

Heutige Nutzung

In erster Linie werden die noch intakten Gebäude als Restaurant und Hotel genutzt. Ob im Rittersaal oder in der Bauernstube – das Café-Restaurant Burg Liebenstein serviert zu seinen Gerichten rustikale Mittelalteratmosphäre gratis dazu. Von der Terrasse bietet sich ein grandioser Blick über das Rheintal. Der Bergfried steht Besuchern offen, die nach einem Aufstieg über die schmalen, steilen Stufen einen herrlichen Ausblick über den Rhein geboten bekommen.

❶ Bad Salzig

(2,5 km von Burg Liebenstein)

Wieder unten im Tal lässt sich mit einem Schiff der **Köln-Düsseldorfer** der Rhein queren, um einen Ausflug ins linksrheinische **Bad Salzig** zu unternehmen. Theodor Hoffmann war der erste, der hier auf Schatzsuche ging: Nach gründlichen geologischen Forschungen erschloss er 1902–05 zunächst die Barbaraquelle und wenig später die ergiebigere Leonorenquelle. Das aus 446 Metern Tiefe sprudelnde Thermalwasser,

Kunst + Kultur
- **Bad Salzig**
  ➤ www.boppard-tourismus.de
- **Heimatmuseum** im Alten Bahnhof, Am Bahnhof 2,
  So. 14–16 Uhr
- **Köln-Düsseldorfer,** Deutsche Rheinschifffahrt, Anlegestelle Leinpfad, 56341 Kamp-Bornhofen, Tel. (0 67 73) 2 60, mehrmals tägl., 4,70 €
  ➤ www.k-d.de

Essen + Trinken
- **Park Hotel Bad Salzig,** Römerstraße 38, 56154 Boppard-Bad Salzig, Tel. (0 67 42) 93 93-0, Café Di.–Sa. ab 14, Restaurant Di.–Fr. ab 18.30, Sa. ab 12 Uhr
  ➤ www.park-villa.de
- **Landgasthof Eiserner Ritter,** Zur Peterskirche 10, 56154 Boppard-Weiler, Tel. (0 67 42) 93 00-0, Mo. Di. u. Do.–So. 12–14.15 u. 18–21.15 Uhr
  ➤ www.eiserner-ritter.de

das an der Erdoberfläche noch 28 °C hat, machte den Ort 1925 zum Kurbad. Bis heute ist es das **einzige Heilbad im oberen Mittelrheintal.** Ein Spaziergang durch den Kurpark mit dem Badehaus lohnt sich vor allem im Frühling, wenn die vielen **Kirschbäume** des Ortes in voller Blüte stehen. Statt Wein baut man in Bad Salzig Obst an, das früher sogar bis nach England und an die Nordseeküste exportiert wurde. Das **Heimatmuseum,** das im Alten Bahnhof sein Domizil hat, dokumentiert sowohl die Obstblütenfeste als auch die spannende Entwicklung zum Kurort. Ein Besuch im **Park Hotel Bad Salzig** kommt einem kleinen Urlaub gleich, und das gilt auch für das Restaurant. Im eleganten Wintergarten genießt man exzellente Speisen aus regionalen Zutaten. Auch der **Landgasthof Eiserner Ritter** verwendet vornehmlich regionale Produkte, wie Fleisch aus dem Hunsrück, und bietet damit ein unvergleichliches Geschmackserlebnis.

❷ Loreley

(15 km von Burg Liebenstein)

Etwa 15 Kilometer rheinaufwärts liegt der berühmte Felsen der **Loreley.** Als engste und tiefste Stelle des Rheins birgt die Flusspassage auch heute eine gewisse Gefahr für die Schifffahrt, weshalb sich die Schiffe untereinander noch

Rastplatz mit Blick auf die Loreley

immer mit Lichtsignalen vor Gegenverkehr warnen. Das moderne **Besucherzentrum** hält Informationen über die Region, Gesteinsformationen, Flora und Fauna sowie den Schiffsverkehr bereit. Ein Treppenweg führt hinunter an den Rhein. Über die Hafenmole gelangt der Besucher zu einer Statue der geheimnisvollen Schönheit, die zahlreiche Schiffer ins Verderben gebracht haben soll und die bereits Heinrich Heine in seinem berühmten Loreleylied besang.

Wer mag, kann von Kamp-Bornhofen auch bequem mit dem Schiff anreisen: Die **Loreley-Linie**

Weinand fährt in circa 2 Stunden rheinaufwärts zum berühmten Felsen und wieder zurück.

Info
- **Besucherzentrum Loreley**
  Auf der Loreley, 56346 St.Goarshausen, Tel. (0 67 71) 59 90 93, März tägl. 10–17, Apr.–Okt. tägl. 10–18, Nov.–Febr. Fr.–So. 11–16 Uhr, Eintritt frei, Ausstellung und Film 2,50 €
  ➤ www.loreley-besucherzentrum.de
- **Loreley-Linie Weinand**
  Rheinuferstraße 55–56, 56341 Kamp-Bornhofen, Tel. (067 73) 3 41, Apr.–Okt., mehrmals tägl., 10 €
  ➤ www.loreley-linie.de

18 Burg Rheinfels

Vom romantischen Hotel zur schönen Burg

Außerdem sehenswert

1 St. Goar ➤ S. 144   **2** Oberwesel ➤ S. 144

Burg Rheinfels

Schlossberg, 56329 St. Goar, Tel. (0 67 41) 77 53

Burg
März–Okt. tägl. 9–18, Okt.– Nov. tägl. 9–17,
Nov.–März Sa. u. So. 11–17 Uhr, 4 €

Museum
März–Okt. tägl. 10–12.30 u.13–17.30, Okt.–Nov. 10–12.30 u. 13–16.30 Uhr

Anfahrt PKW
A 61, AS 42, weiter über die L 213, Beschilderung zur Burg Rheinfels folgen;
kostenpflichtiger Parkplatz in Burgnähe (GPS 50.15328, 7.70499)

Anfahrt ÖPNV
Mit der RB 80 bis Bf. St. Goar, etwa 30 Minuten Fußweg
Beschilderung zur Burg folgen

Essen + Trinken
Romantik Hotel Schloss Rheinfels, Tel. (0 67 41) 80 20: **Silcher Stuben**
(Di.–Sa. ab 18.30), **Schloss-Restaurant Auf Scharffeneck** (tägl. 12–14 u. ab
18.30), **Burgschänke Der Landgraf** (März–Okt. Mo.–Fr. 11–18, Sa. u. So. 11–22),
Kleine Kneipe De Backes (Di.–So. ab 19 Uhr) ➤ www.schloss-rheinfels.de

Burg Rheinfels

Anlage

Der Höhenburg liegt ein rechteckiger Grundriss zugrunde; heute sind allerdings nur noch Teile der einst mächtigen Festung zu sehen. Vorwerke, Schanzen und andere Burgbauten, die nicht direkt mit der Kernburg verbunden waren, sind im Laufe der Jahre verschwunden. Ein Großteil der Ruine ist aber noch sehr gut erhalten.

Zu den ältesten Gebäudeteilen gehören die Fundamente des runden Bergfrieds, der zur damaligen Zeit einen Butterfass-Turmaufsatz bekam und eine Höhe von rund 54 Metern betrug. Er wurde Ende des 18. Jahrhunderts durch die französischen Revolutionstruppen gesprengt. Auch einzelne Fragmente der Ringmauer, die früher das Burggelände umgab, sind noch bis heute erhalten. An der Nordostseite des Geländes stehen die Ruinen des viergeschossigen Darmstädter Baus, der früher den Palas an der Rheinseite bildete und in eine Schildmauer eingebaut war. Ebenfalls an der Nordseite der Kernburg stand ein Frauenhaus, welches nur noch in Fragmenten zu erkennen ist. Der ehemalige Kapellenraum wird heute von einem Museum für Ausstellungen historischer Gegenstände genutzt.

Charakteristisch für die Burganlage ist der eckige Uhrturm, der bis heute nichts von seiner imposanten Erscheinung eingebüßt hat. Zusätzlich verfügt die Burganlage über unterirdische Gänge, sogenannte Minengänge, die zum Teil immer noch zugänglich sind und früher Teil des Wehrsystems waren.

Geschichte

Der Bau von Burg Rheinfels wurde im 13. Jahrhundert von Graf von Katzenelnbogen in Auftrag gegeben, um hier Rheinzölle zu erheben. Dies war gleichzeitig der Auslöser für eine Belagerung der Burg durch den Rheinischen Städtebund, die jedoch erfolglos blieb – Burg Rheinfels war uneinnehmbar. Im 14. Jahrhundert führte man Umbauten und Erweiterungen durch, sodass eine prächtige Residenz entstand. Obwohl im selben Jahrhundert Burg Katz an der gegenüberliegenden Rheinseite erbaut wurde, blieb Burg Rheinfels der Mittelpunkt des adeligen Lebens, da sie nicht nur von strategischem Nutzen war, sondern gleichzeitig auch weiterhin als Residenz einen zentralen Kulturort am Mittelrhein bildete.

Nach dem Ableben der Familie von Katzenelnbogen gelangte die Anlage in den Besitz der Grafen von Hessen-Kassel, die Burg Rheinfels im 16. Jahrhundert zu einem Renaissanceschloss umbauen ließen. Einige Jahre später kam es zu einem Erbschaftsstreit zwischen den Landgrafen Hessen-Kassel und Hessen-Darmstadt, was eine Burgbelagerung durch Kurtrier zur Folge hatte. Letzten Endes ging Burg Rheinfels an die Darmstädter Grafen. Ende des 17. Jahrhunderts wurde sie unter dem Landgrafen Ernst von Hessen-Rheinfels zu einer mächtigen Festung ausgebaut. Kurz darauf, während des Pfälzischen Erbfolgekriegs, griffen französische Truppen die Burg an – doch auch diese Belagerung blieb erfolglos. Einige Zeit später wurde die Anlage dann kampflos den Franzosen übergeben, die das Rheinland besetzt hielten, bis Burg Rheinfels Ende des 18. Jahrhunderts zerstört wurde. Danach diente sie nur noch als Steinbruch: Die von hier gewonnenen Steine fanden als Baumaterial für die Festung Ehrenbreitstein bei Ko-

blenz Verwendung. 1843 erwarb Prinz Wilhelm von Preußen die Ruine. 1925 übernahm die Stadt St. Goar die Burg und ließ in den 1960er- und 1990er-Jahren zahlreiche Renovierungsarbeiten durchführen.

Heutige Nutzung

Ein Museum zeigt die bewegte Vergangenheit der Burganlage. Seit 1973 befindet sich auf der Burg das Romantik Hotel Schloss Rheinfels, in dem verschiedene Gastronomen für das leibliche Wohl ihrer Gäste sorgen: Das Gourmet-Restaurant Silcher Stuben wurde nach dem Komponisten benannt, der zu Heinrich Heines berühmtem Gedicht über die Loreley die Musik komponierte. Vier- bis siebengängige Menüs lassen keine kulinarischen Wünsche offen. Das Schloss-Restaurant Auf Scharffeneck begeistert mit ausgezeichneten saisonalen und regionalen Spezialitäten. Vom Wintergarten bietet sich ein herrlicher Blick über den Rhein. Die Burgschänke Der Landgraf lädt zu rustikalen Leckerbissen wie Flammkuchen, während in der Kleinen Kneipe De Backes Zigarren- und Whiskey-Liebhaber auf ihre Kosten kommen.

Tipps + Termine
Für Gruppen ab 10 Personen werden **Führungen** angeboten, nach vorheriger Anmeldung auch **Themenführungen**. Diese werden von einem Minnesänger, einem holden Burgfräulein oder einem stattlichen Ritter begleitet und finden zum Teil erst mit Einbruch der Dämmerung statt.
März–Nov. tägl., Tel. (0 67 41) 77 53, 15–30 € zzgl. zum Eintritt

1 St. Goar

(Unmittelbare Umgebung)

S. 138 ▶ **St. Goar** liegt am linken Rheinufer, gegenüber der berühmten Loreley und den zwei Burgen Katz und Maus. Das Gebiet wurde schon von den Römern besiedelt; seinen Namen verdankt es dem heiligen Goar, einem Missionar aus Aquitanien, der sich im 6. Jahrhundert in einer Einsiedelei am Rhein niederließ. Wo heute die Stadt liegt, gründete er eine Pflegeeinrichtung sowie ein kleines Bethaus. Ihm ist auch die **Evangelische Stiftskirche** im Ort geweiht. Das dreischiffige Bauwerk weist zwei besondere, architektonische Merkmale auf: Die große, säulengestützte Krypta stammt aus dem 11. Jahrhundert und wurde im romanischen Stil erbaut. Sie besteht ebenfalls aus drei Schiffen und ist gewölbt. Der Chor, mit der halbrunden Apsis, wurde im spätromanischen Stil errichtet. Das Langhaus weist hingegen gotische Baumerkmale auf und

Kunst + Kultur
- St. Goar ➤www.st-goar.de
- **Evangelische Stiftskirche** Oberstraße
- **Deutsches Puppen- und Bärenmuseum**, Sonnengasse 8, 56239 St. Goar, Tel. (0 67 41) 72 70, März–Dez. tägl. 10–17, Jan.–März Sa. u. So. 14–17 Uhr, 3,50 €
  ➤www.deutsches-puppen-und-baerenmuseum.de

stammt aus dem 15. Jahrhundert. Es gleicht an manchen Stellen einer Emporen-, teilweise aber auch einer Hallenkirche. Im Vergleich zu seiner Bauweise ist der Innenraum eher schlicht dekoriert. Die großen Wandmalereien und liebevoll angefertigten Schlusssteine treten dafür umso mehr hervor. In einem der Glasfenster ist der heilige Goar abgebildet. Im **Deutschen Puppen- und Bärenmuseum** sind über 3000 Spielgefährten aus verschiedenen Epochen ausgestellt. Auf 600 Quadratmetern lassen sich handgemachte Einzelstücke, Miniaturen sowie Zubehör bestaunen und Einblicke in die aufwendige Herstellung und Restaurierung der Kindheitsbegleiter erhalten.

2 Oberwesel

(8 km von Burg Rheinfels)

Rheinaufwärts liegt das mittelalterliche **Oberwesel** mit der katholischen Kirche **St. Martin.** Das markante Gebäude besteht aus einem weißen Langhaus sowie einem mächtigen, aus Bruchsteinen errichteten Turm, der 1350 direkt auch als Wehrturm errichtet wurde. Er ist das älteste Bauelement der Kirche und war früher sogar Teil der Stadtbefestigung. Prächtige Zinnen und vier Ecktürme zieren seinen oberen Rand. Ein achteckiger Aufsatz, aus dem die Glocken der Kirche ertönen, schließt

Oberwesel mit St. Martin und Mutter-Rosa-Kapelle

das Gebäude ab. Die gotische **Mutter-Rosa-Kapelle** wurde im 13. Jahrhundert erbaut. Einer ihrer Strebepfeiler stützt sich auf die **Stadtmauer** und bildet dadurch einen hübschen Rundbogendurchgang unterhalb der Kapelle. Die Stadtmauer zählt zu den besterhaltenen Stadtbefestigungen im Tal des Mittelrheins und ist sogar noch teilweise begehbar. Sie umfasst 16 gut erhaltene Türme, was Oberwesel den Beinamen **Stadt der Türme** bescherte.

Dominiert wird der Ort aber vor allem von der **Schönburg** aus dem 12. Jahrhundert. Als Ganerbenburg wurde sie gleichzeitig von verschiedenen Familien bewohnt, denen teilweise sogar separate Bergfriede zugeteilt wurden. Im 17. Jahrhundert wurde die Burg von den Franzosen fast vollständig zerstört. Als einige Jahre später ihr letzter Besitzer verstarb, kehrte die Anlage in kurtrierischen Besitz zurück. Erst Ende des 19. Jahrhunderts erwarb der amerikanische Nachkomme einer rheinischen Familie die zerstörte Burg und begann mit dem Wiederaufbau. Nach dem Zweiten Weltkrieg gelangte sie in den Besitz der Stadt und wurde als Begegnungsstätte für Jugendliche genutzt. Ein Teil der Anlage diente als Hotel, was zu starken Umbauten führte. Seit dem Frühjahr 2011 befindet sich im Torturm der Schönburg ein **Burgenmuseum.**

Info
- **Oberwesel** mit **Kirche St. Martin** (Martinsberg), **Mutter-Rosa-Kapelle** (Wernerstraße) und **Stadtmauer**
- **Schönburg**, Auf Schönburg, Tel. (0 67 44) 93 93-0
- ➤ www.hotel-schoenburg.com

Außerdem sehenswert

1 Kaub ➤ S. 151   **2** Kleines Feuerwehrmuseum ➤ S. 153

Burg Pfalzgrafenstein

56349 Kaub
Jan., Feb. u. Nov. Fr.–So. 10–17, März Di.–So. 10–17
Apr.–Okt. Di.–So. 10–18 Uhr, 3 €
➤ **www.burg-pfalzgrafenstein.de**

Anfahrt PKW
Über die B 42; Parkmöglichkeiten an der Rheinuferstraße,
kurzer Fußweg zur Fähre (GPS 50.08590, 7.76454)

Anfahrt ÖPNV
Mit dem Stadtexpress (SE) 10 bis Bf. Kaub, kurzer Fußweg
zur Fähre

Rheinfähre Kaub
Anleger Rheinuferstraße
März–Okt. tägl., Jan., Febr. u. Nov. Sa. u. So., 2,50 €

Blick auf Kaub

Burg Pfalzgrafenstein

Anlage

Die Burg Pfalzgrafenstein ist nicht nur wegen ihrer Architektur, sondern vor allem aufgrund ihrer Lage einzigartig: Sie wurde als Inselburg auf der Felsinsel Falkenau im Rhein errichtet und ist bis heute nur mit dem Schiff zu erreichen. Ihr Grundriss ist fünfeckig, mit ungleich langen Seiten, was ihr selbst die Ähnlichkeit mit einem Schiff verleiht. Der älteste Teil der Burg ist der fünfeckige Turm mit sechs Etagen, der sich in der Mitte der Insel befindet. Zu erreichen ist er aus dem dritten Stockwerk der Burg. Die sechseckige Ringmauer ist 12 Meter hoch und bis zu 2,50 Meter dick und erschwerte zusätzlich zur Insellage das Einnehmen der Burg erheblich. Die Ecktürme sind mit pyramidenförmigen Dächern bedeckt und mit hölzernen Erkern ge-

schmückt. In der Mauer befindet sich ein Wehrgang, der zu den auf drei Etagen verteilten Burgzimmern führt. In der Epoche des Barock bekam die Anlage die damals typischen Haubendächer; auch die Fassade erhielt einen neuen Anstrich. Der frühere Charakter der Burg wurde aber weitestgehend beibehalten.

Eine Holztreppe führt durch das Haupttor mit seinem Fallgitter in die Burganlage. Die Mannschaftsräume, die Burgküche und der Turm sind bis heute unverändert geblieben. Enge Durchgänge, weiß verputzte Wände, rot gestrichene Holzbalken und -türen sowie der Steinboden vermitteln den Eindruck, als sei in Burg Pfalzgrafenstein die Zeit stehen geblieben.

Geschichte

1327 ließ Ludwig der Bayer den großen Turm inmitten der kleinen Insel Falkenau errichten. Die Burg war von Anfang an als Zollstation, nie aber als Wohnbereich gedacht und sollte nur einer kleinen Gruppe von Beamten dienen, was auch die sehr bescheidene Einrichtung erklärt. Dem Turm folgte wenig später eine dicke Mauer, welche die Inselburg in eine kleine Festung verwandelte. Für den König war die Zolleinnahme ein lukratives Geschäft, das er vor Feinden zu beschützen wusste. Mit dem damaligen Papst Johannes XXII. und den Bischöfen der Erzbistümer von Mainz, Köln und Trier stritt er sich um die hohen Zollgebühren, was dazu führte, dass ihn der Papst mit dem Kirchenbann belegte, dem Ausschluss aus der katholischen Gemeinschaft. Zudem muss-

Burgtor

te Ludwig auch gegen Friedrich den Schönen, seinen vom Papst bevorzugten Gegenkönig, kämpfen. Die Burg auf der Insel Falkenau wurde deswegen immer weiter ausgebaut und mit Wehrsystemen versehen. Letztendlich wurde die Festung nie erobert oder gar zerstört. Trotzdem erhielt sie im 17. Jahrhundert weitere Sicherungen: Die Mantelmauer wurde noch verstärkt und beeindruckt bis heute mit 51 Metern Länge, 21 Metern Breite und 25 Metern Höhe. Außerdem entstanden eine Geschützbastion und Scharten für Handfeuerwaffen. In späteren Jahren wechselte die Anlage oft ihren Besitzer. So gehörte sie dem Land Hessen, dem Herzogtum Nassau und auch dem Königreich Preußen. Mitte des 19. Jahrhunderts wurde die Zollstation geschlossen; die Burganlage diente fortan als Signalstation für den Rheinverkehr. Nach dem Zweiten Weltkrieg wurde sie vom Land Rheinland-Pfalz übernommen, in dessen Besitz sie bis heute ist.

Heutige Nutzung

Burg Pfalzgrafenstein ist heute ein Museum, das für spannende Besichtigungen offen steht. Dank der Bewahrung ihres früheren Aussehens ist sie zu einem wichtigen Kulturgut geworden, das zahlreiche Besucher anzieht.

1 Kaub

(0,5 km von Burg Pfalzgrafenstein)

Die Geschichte der Ortschaft **Kaub** reicht mehr als 1000 Jahre zurück. 1324 bekam sie von Ludwig dem Bayer die Stadtrechte verliehen, was große Privilegien mit sich führte. Anfang des 20. Jahrhunderts war die Stadt Teil des sogenannten **Freistaats Flaschenhals:** Als die Alliierten nach dem Ersten Weltkrieg 1919 das Rheinland unter sich aufteilten, wurde ein Landstrich vom Rhein bis in den Taunus glatt übersehen. Das Gebiet in Form eines Flaschenhalses gehörte damit keiner Besatzungszone an und wurde mit 18.000 Einwohnern zum Freistaat ausgerufen. Die Isolierung ließ den Schmuggel blühen, brachte den Bewohnern aber auch eigenes Geld, Briefmarken und Pässe ein. Mit der Besetzung durch die Franzosen im Jahr 1923 endete die kurze Existenz des Freistaates. Heute erinnert die *Freistaat Flaschenhals Initiative* (FFI) der regionalen Winzer und Gastronomen an diese Zeit, der ein schlichtes Schild am Rhein gewidmet ist.

Ein Rundgang durch Kaub führt an Resten der Stadtbefestigung aus dem 13. Jahrhundert vorbei, wie dem imposanten **Dikken Turm** und dem **Mainzer Torturm.** Die schmucken Fachwerkhäuser des Ortes stammen überwiegend aus dem 16. und 17. Jahrhundert. Von der langen Tradition des Schieferabbaus zeugen die Ge-

bäude der 1972 stillgelegten **Schiefergrube Wilhelm Erbstollen.** Im 19. Jahrhundert existierten im Kauber Raum über 130 Schiefersteinbrüche. Sehenswert sind auch der **Laubengang Auf der Mauer,** der parallel zur Hauptstraße hinter den Häusern verläuft und vermutlich bei Hochwasser genutzt wurde, sowie die **Doppelkirche,** die von beiden christlichen Konfessionen genutzt wird: Die evangelische Pfarrkirche **St. Trinitatis** ist an ihrem fünfgeschossigen, 27 Meter hohen Turm aus dem 12. Jahrhundert zu erkennen; die Räumlichkeiten nebenan, mit dem charakteristischen Dachreiter, gehören der katholischen Pfarrkirche **St. Nikolaus.**

Seit 2010 ist in Kaub auch das **1. Deutsche Motorrollermuseum** zu Hause, das zuvor im hessischen

Kunst + Kultur

- **Kaub** mit **Dickem Turm,** (Zollstraße/Adolfstraße), **Mainzer Turm** (Zollstraße) und **Laubengang Auf der Mauer**
- **Schiefergrube Wilhelm Erbstollen** (Adolfstraße)
- **Doppelkirche St. Trinitatis und St. Nikolaus** (Kirchplatz)
- **1. Deutsches Motorrollermuseum** Gartenstraße 62, 56349 Kaub, Tel. (0 67 22) 46 96, Mi.–So. 11–16 Uhr, 3 €
  ➤ www.motorrollermuseum.de
- **Burg Gutenfels**

Essen + Trinken

- **Deutsches Haus,** Schulstraße 1, 56349 Kaub, Tel. (0 67 74) 2 66, Di.–So. 11.30–14 u. 17.30–21.30 Uhr
  ➤ www.hotel-deutsches-haus-kaub.de
- **Restaurant Zum Turm,** Zollstraße 50, 56349 Kaub, Tel. (0 67 74) 9 22 00, Mi.–Mo. 17–22, Fr.–So. 12–14 u. 17–22 Uhr
  ➤ www.rhein-hotel-turm.com
- **Weingut Bahles,** Bahnstraße 10, 56349 Kaub, Tel. (0 67 74) 2 58, März–Nov. Do.–Sa. ab 15, So. ab 14 Uhr
  ➤ www.weingut-bahles.de

Kettenbach ansässig war. Über 120 Motorroller aus 15 Ländern sind hier ausgestellt, deren technische und geschichtliche Besonderheiten dokumentiert sind.

Zu einem Besuch in Kaub gehört unbedingt der Genuss eines Weins des Freistaats Flaschenhals, dessen Qualität oberhalb der gesetzlichen Norm liegt. Das **Deutsche Haus** serviert dazu Speisen der regionalen und saisonalen Küche in stilvollem, schnörkellosem Ambiente. Das **Restaurant Zum Turm,** direkt am Mainzer Torturm gelegen, verwöhnt mit frischen Fisch-, Fleisch- und Wildgerichten, die bei schönem Wetter auf der Rheinterrasse ser-

Kaub mit Mainzer Torturm

viert werden. Das **Weingut Bahles** bietet vielseitige, hausgemachte Regionalküche für den kleinen und großen Hunger.

Oberhalb der Ortschaft, auf einem hohen Felssporn, erhebt sich die Ruine der spätstaufischen **Burg Gutenfels.** Die Herren von Bolanden-Falkenstein ließen sie auf einem beinahe quadratischen Grundriss im 13. Jahrhundert erbauen. Anfang des 19. Jahrhunderts wurde sie von napoleonischen Soldaten gesprengt. Die Ruine wurde 1833 von Friedrich Habel, einem deutschen Archivaren, vor dem endgültigen Verfall gerettet; heute ist hier ein Hotel untergebracht.

➋ Kleines Feuerwehrmuseum
(5 km von Burg Pfalzgrafenstein)

Ein Abstecher bietet sich ins **Kleine Feuerwehrmuseum** in Weisel an. Es beherbergt alte Geräte, wie beispielsweise Handdruckpumpen, Schläuche und Werkzeuge, mit denen die Feuerwehrmänner im 19. Jahrhundert ihre brandgefährliche Arbeit gemeistert haben.

Info
Kleines Feuerwehrmuseum
Honiggasse, 56348 Weisel,
Tel. (0 67 74) 5 43, geöffnet auf
Anfrage, Eintritt frei

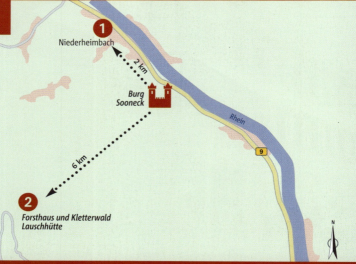

Burg Sooneck

Soonecker Straße 1, 55413 Niederheimbach
Jan.–März u. Okt.–Nov. tägl. 9–17, Apr.–Sept. tägl. 9–18 Uhr, 4 €

Anfahrt PKW
A 61, AS 45, über L 224 und K 27 auf die B 9;
Parkplätze unterhalb der Burg (GPS 50.02184, 7.82643)

Anfahrt ÖPNV
Mit der RB 80 bis Bf. Niederheimbach, etwa 20 Minuten Fußweg
flussaufwärts entlang der B 9, dann rechts in die Soonecker Straße

Essen + Trinken
Burgschänke
Burg Sooneck, 55413 Niederheimbach, Tel. (0 67 21) 68 50 50
Jan.–März u. Okt.–Nov. tägl. 9–17, Apr.–Sept. tägl. 9–18 Uhr

Burg Sooneck

Anlage

Burg Sooneck liegt auf einem Felssporn oberhalb der Ortschaft Trechtingshausen und besteht aus einer Vor- und einer Hauptburg. Diese liegt an der Nordwestseite auf dem höchsten Punkt des Geländes und wird von einem quadratischen Bergfried, einem dreigeschossigen Burghaus und einem kleinen Innenhof begleitet. Die Gebäude sind mit Zinnen, Bogenfriesen und Erkertürmchen verziert. An der Südseite erhebt sich die Vorburg mit einem Turm. Zu der Burganlage, die von einer Ringmauer umgeben ist, zählen auch ein Söller sowie eine Kastellanswohnung,

die jedoch beide erst nach dem Wiederaufbau im 19. Jahrhundert entstanden, der durch die Zerstörungen durch französische Truppen notwendig geworden war. Die neuen Dächer sind heute, im Gegensatz zu den früheren, hohen Walmdächern, flach.

Ihren mittelalterlichen Kern hat die Burg aber beibehalten. Das gotische Mauerwerk sowie der alte Putz wurden während der Arbeiten ebenfalls belassen. Das Innere der Burg ist mit originalen Möbeln im Biedermeier- und Empirestil ausgestattet.

Geschichte

Die Anfänge der Burg liegen vermutlich im 11. Jahrhundert. Zusammen

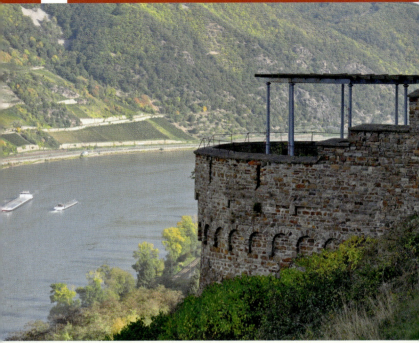

S. 164 ▶ mit der benachbarten Burg Reichenstein bildete sie ein Wehrsystem der Benediktinerabtei Kornelimünster bei Aachen. Die Anlage war damals in den Händen der Vögte, deren Aufgabe es war, Rheinzoll zu erheben. Den Rittern von Bolanden folgten in dieser Position später die Herren von Hohenfels. Zu Beginn des 13. Jahrhunderts kam es jedoch zu Missständen auf der Burg: Raubritter erhoben zu Unrecht Rheinzölle und schreckten auch vor Überfällen und Plünderungen nicht zurück. Um der Sache ein Ende zu setzen, zerstörte der Rheinische Städtebund 1254 die Burg. Kurz darauf wurde sie neu errichtet und schon 30 Jahre später von König Rudolf I. belagert. Während dieser Blockade wurde Burg Sooneck erneut zerstört und anschließend mit einem Verbot des Wiederaufbaus belegt, um ihren Missbrauch für kriminelle Zwecke zu unterbinden. Das Bauverbot verlor erst Mitte des 14. Jahrhunderts mit der Übernahme der Burg durch die Mainzer Erzbischöfe seine Gültigkeit. In den darauffolgenden Jahrzehnten entwickelte sich die Burg zu einer Ganerbenburg, die von mehreren, oft zerstrittenen Erben bewohnt wurde. Im 17. Jahrhundert, als auch die Erbparteien ausstarben, begann der Verfall der Anlage. Hinzu kam noch die Zerstörung durch die französischen Truppen während des Pfälzischen Erbfolgekriegs. Einige Jahre später wurde die zerstörte Burg für kurze Zeit von Winzern aus Trechtingshausen übernommen, Anfang des 19. Jahrhunderts kam die Ruine an die Gemeinde Niederheimbach, später wurde sie von Friedrich Wilhelm IV. und seinen Brüdern erworben. Die Hohenzollern ließen die verfallenen Überreste zu einer neuen Jagdburg errichten und versuchten, das frühere Aussehen der Burg zu bewahren. Dem geplanten Einzug standen jedoch interne Familienangelegenheiten und politische Ereignisse im Weg. Nach 1918 ging die Rheinburg in preußischen Besitz über. Im Anschluss an den Zweiten Weltkrieg wurde sie von der Staatlichen Schlösserverwaltung des Landes Rheinland-Pfalz übernommen, in deren Besitz sie bis heute ist.

Heutige Nutzung

Die Burganlage ist heute ein Museum, das im Rahmen einer Führung besichtigt werden kann. Den prächtigen Speisesaal mit großer Tafel dominiert ein Gemälde, das eine der Schlachten der Freiheitskriege zeigt und an die Befreiung von der napoleonischen Herrschaft erinnert. Ergänzt wird der Speisesaal durch antikes Mobiliar, zu dem auch zwei Schränkchen gehören, die ein schön verziertes Sofa flankieren. Da Burg Sooneck im Zweiten Weltkrieg geplündert wurde, handelt es sich bei dem Mobiliar jedoch nicht um Originale, sondern um Leihgaben von Schloss Stolzenfels. Im etwas größeren Rittersaal sind die Wände mit gekreuzten Schwertern und kleineren Kirchenbildern geschmückt. Kamin, Sofa und Sitzgruppe sorgen für eine heimelige Atmosphäre. Im zweiten Obergeschoss befindet sich eine bedeutende Sammlung von Gemälden und Zeichnungen, die zur Köth-Wanscheid'schen Stiftung gehören.

In der gemütlichen Burgschänke, mit ihrem herrlichen Panorama auf den Rhein, haben Besucher die Möglichkeit, nach der Burgbesichtigung zu entspannen und neue Kräfte zu sammeln, um zum beliebten Aussichtspunkt Siebenburgenblick aufzubrechen. ◀ S. 161

❶ Niederheimbach

(2 km von Burg Sooneck)

Niederheimbach ist ein kleiner, gemütlicher Ort unterhalb des Binger Walds mit denkmalgeschützten Gebäuden, die zwischen dem 17. und 19. Jahrhundert entstanden. Die Fachwerkhäuser, die überwiegend in der Barockepoche erbaut wurden, verleihen dem Ort ein herrliches, mittelalterliches Ambiente. Die große katholische **Kirche Maria Himmelfahrt** ist ein eklektisches Bauwerk, das einen romanischen Turm und eine barocke Seitenkapelle beinhaltet. Das **Restaurant Pfälzer Hof** bietet gute deutsche Küche in gemütlicher Atmosphäre.

Am südlichen Ortsausgang steht auf der Rheinstraße ein **Obelisk** – ein Meilenstein mit der Inschrift *Cöln 18 Ml Coblenz 6 ½ M Mainz 5 ½ M.* Er ist einer von vielen Markierungen, die als Teil des preußischen Systems der Entfernungsangaben im frühen 19. Jahrhundert am Mittelrhein aufgestellt wurden.

Früher war Niederheimbach besonders für seinen **Märchenhain** bekannt, der 1931 gegründet wurde und bis in die 1980er-Jahre geöffnet blieb. Zahlreiche Figuren wurden vom Bildhauer Ernst Heilmann aus Stein erschaffen: Schneewittchen und die sieben Zwerge, Hänsel und Gretel, Rotkäppchen, der gestiefelte Kater und viele mehr. Heute existiert der Märchenhain nicht mehr, doch die Figuren konnten zum Glück erhalten werden und säumen nun den liebevoll angelegten **Märchenweg.** Er beginnt in der Ortsmitte und führt durch einen kleinen Wald bis oberhalb des Dorfes. Dort befindet sich ein hölzerner Aussichtsturm, der nicht

---

Kunst + Kultur
- **Niederheimbach** mit **Kirche Maria Himmelfahrt** (Rheinstraße 73) und **Obelisk** (Rheinstraße) ➤ www.niederheimbach.de
- **Märchenweg** und **Siebenburgenblick**

Essen + Trinken
- **Pfälzer Hof**, Rheinstraße 76, 55413 Niederheimbach, Tel. (0 67 43) 60 93, Di.–So. ab 11 Uhr

---

Blick von Burg Sooneck auf das rechtsrheinische Lorch

umsonst den Namen **Siebenbur- genblick** trägt. Von hier aus bietet sich eine atemberaubende Aussicht auf das Rheintal und die Burgen Sooneck, Hohneck, Stahleck, Schöneck sowie die Ruinen Nollig Kammerburg und Fürstenberg.

② Forsthaus und Kletter- wald Lauschhütte

(6 km von Burg Sooneck)

Inmitten des Binger Walds befindet sich die **Lauschhütte,** die gleich- zeitig Forsthaus und Waldgaststätte ist und regionale Erzeugnisse aus biologischem Anbau bietet. Früher fanden hier Waldarbeiter eine Un- terkunft, heute ist sie ein beliebtes Ausflugsziel für alle, die sich in

der Natur entspannen möchten. Direkt an der Lauschhütte wurde ein **Kletterwald** angelegt, auf des- sen Gelände sich zwei Übungs- parcours sowie einzelne Stationen mit unterschiedlichem Schwie- rigkeitsniveau befinden.

Info
- **Forsthaus Lauschhütte**
  55442 Daxweiler, Tel. (0 67 24) 6 03 80 13, März–Okt. Di.–Do. 11–20, Fr.–So. 11–21, Nov.–März Di.–Do. 11–18, Fr.–So. 11–20 Uhr
  ➤ www.lauschhuette.de
- **Kletterwald Lauschhütte**
  Tel. (06 11) 5 80 22 46, März–Nov. Sa. u. So. ab 10 Uhr während der Ferien in Rheinland- Pfalz auch Di.–Fr., 18 €
  ➤ www.kletterwald- lauschhuette.de

Burg Reichenstein

Burgweg 23, 55413 Trechtingshausen
Tel. (0 67 21) 61 17
März–Okt. Di.–Sa. 10–18, So. 9.30–18
Nov.–Febr. Di.–So. 11–16 Uhr, 4,50 €
➤ **www.burg-reichenstein.de**

Anfahrt PKW
A 61, AS 41, über die B 50 auf die B 9 Richtung St. Goar;
Parkplätze an der Burg (GPS 50.00526, 7.85286)

Anfahrt ÖPNV
Mit der RB 80 bis Bf. Trechtingshausen, etwa 10 Minuten Fußweg
über die B 9 hinweg auf dem aufwärts führenden Burgweg

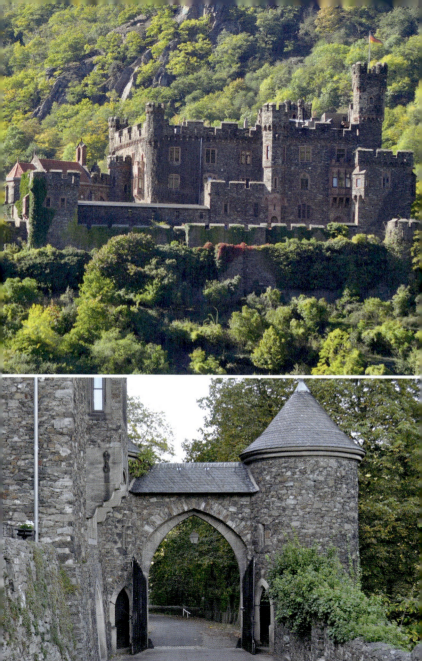

Burg Reichenstein

Anlage

Ursprünglich war Burg Reichenstein eine mittelalterliche Höhenburg. Doch von dem frühen Bau sind nur Mauerreste geblieben; ihr heutiges Aussehen erhielt sie Anfang des 20. Jahrhunderts. Die große neugotische Burganlage, zu der der Zugang durch einen massiven Torbau mit einem runden Flankenturm erfolgt, besteht aus der Kernburg, in der sich ein Museum befindet, der Vorburg, die als Hotel genutzt wird, sowie aus mehreren Wirtschaftsgebäuden. Zu den repräsentativen Räumen gehören der Speisesaal, in dem sich die Ahnengalerie befindet, sowie die Bibliothek mit Kamin. Außerdem beherbergt die Burg eine große historische Waffensammlung sowie eine interessante Sammlung von Jagdtrophäen. Die Burgkapelle wurde als einschiffiges Bauwerk im neugotischen Stil erbaut und ist dem heiligen Sebastian geweiht.

Geschichte

Wann genau Burg Reichenstein erbaut wurde, ist nicht belegt; ihr Name taucht zum ersten Mal Anfang des 13. Jahrhunderts auf. Errichten ließ sie die Aachener Benediktinerabtei Kornelimünster, um ihre weiter entfernten Gebiete zu schützen. Die Burg wurde von verschiedenen Vögten verwaltet, zu ihnen gehörte auch Philipp von Bolanden. Nach seinem Tod sowie dem Tod seines Sohnes wurde die Vogtei von seinem Verwandten Philipp von Hohenfels übernommen. Im Gegensatz zu seinen Vorgängern war Philipp jedoch ein Raubritter, sodass die stolze Burg zusehends zu einem gefürchteten Raubritternest wurde.

In den 1280er-Jahren wurde sie von König Rudolph von Habsburg belagert,

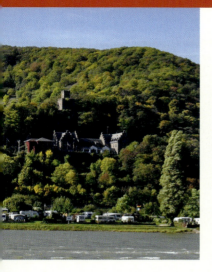

ren Reste von den Franzosen Ende des 17. Jahrhunderts endgültig gesprengt wurden, war bis Ende des 18. Jahrhunderts in der Hand von Kurmainz und wurde an mehrere gut betuchte Familien der Region verpachtet – aufhalten konnte das den Verfall jedoch nicht. Gerettet wurde die Anlage erst mit dem Aufkommen der Rheinromantik im 19. Jahrhundert, der viele Burgen ihren Wiederaufbau verdanken. 1834 kaufte General Franz Wilhelm von Barfuß die Burgruine und errichtete hier sein Wohnhaus. 40 Jahre später erwarb Freiherr von Rehfuß die Anlage, um sie ebenfalls privat zu nutzen. Nach einem weiteren Besitzerwechsel kaufte schließlich der wohlhabende Hütteningenieur Nicolaus Kirsch-Puricelli Burg Reichenstein im Jahr 1899. Zusammen mit seiner Frau Olga, der Erbin der Rheinböller Hütte, baute er sie wieder auf.

Die Burg wurde von der Familie bis zum Tod von Nicolaus Kirsch-Puricelli als Wohnanlage genutzt. Danach wurde sie zum Museum umgestaltet, blieb aber weiterhin im Besitz der Familie. Erst in den 1980er-Jahren wurde sie an ihren neuen Eigentümer Egon Schmitz verkauft.

S. 157 ▶ zerstört und – wie auch die Burg Sooneck – mit einem Wiederaufbauverbot belegt. Die zerstörte Anlage kam anschließend in den Besitz der Pfalzgrafen und wurde 1344 von Kurmainz übernommen. Nun wurde die Burg doch wieder aufgebaut, verlor aber mehr und mehr an Bedeutung, bis sie nach kurzer Zeit verfiel. Die Ruine, de-

---

Tipps + Termine

Neben den informativen **Führungen** durch die Burg, ist auch das Erlebnis **Fackelführung** zu buchen. Im Schein der Laternen geht es in der Dämmerung zum Burgtor hinauf, wo sich Besucher mit einem Umtrunk, beispielsweise einem Glas Glühwein, stärken können.

Führungen Di.–So. 10–18 Uhr
Fackelführung, Anmeldung unter Tel. (0 67 21) 61 17, 10 €
➤ www.burg-reichenstein/
  anmeldung

Heutige Nutzung

Burg Reichenstein ist heute ein Museum und steht zur Besichtigung offen. Außerdem ist hier das Gästehaus Falkenlust beheimatet. Beliebt für Trauungen ist die Burgkapelle; auch für Seminare und Veranstaltungen stehen Räumlichkeiten zur Verfügung.

Weinberge am Rhein

❶ Trechtingshausen
(1 km von Burg Reichenstein)

Trechtingshausen lädt mit seinen schön restaurierten alten Wohnhäusern zu einem Stadtbummel ein. Bereits die Römer hatten hier eine Siedlung mit dem Namen *Castrum Trajani;* erstmals urkundlich erwähnt wird das Städtchen 1122. Auf unserem Rundgang treffen wir auf Teile der **alten Wehrmauer** samt Torbogen und Turm. Auch das **Rathaus** aus dem frühen 20. Jahrhundert ist ein Blickfang. Das bedeutendste Bauwerk liegt heute allerdings etwas außerhalb und ist mit einem kurzen Spaziergang am Rheinufer zu erreichen: die spätromanische **Clemenskapelle.** Früher wahr-

Kunst + Kultur
- Trechtingshausen
  ➤ www.trechtingshausen.de
- **Alte Wehrmauer (Römerstraße), Rathaus** (Römerstraße 24) und **Clemenskapelle** (hinter dem Campingplatz Marienort), Am Morgenbach, Besichtigung nach Anmeldung unter Tel. (0 67 21) 63 81

Essen + Trinken
- **Gasthaus Weißes Ross** Mainzer Straße 30, 55413 Trechtingshausen, Tel. (0 67 21) 61 29, Mo. Di. u. Do.–So. ab 11.30 Uhr
  ➤ www.gasthaus-weisses-ross.de
- **Weingut Grünewald,** Kirchstraße 15, 55413 Weiler bei Bingen, Tel (0 67 21) 3 26 22, Fr. u. Sa. ab 18, So. ab 17 Uhr
  ➤ www.weingut-gruenewald-weiler.de

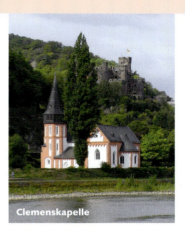
Clemenskapelle

scheinlich mitten im Dorf gelegen, wurde das Gotteshaus zur Friedhofskapelle, als Trechtingshausen wohl wegen der häufigen Überschwemmungen an den heutigen höher gelegenen Standort verlegt wurde. Die dreischiffige Pfeilerkirche aus dem 13. Jahrhundert besticht durch charakteristische Rundbogenfriese, Mauerblenden und Fenster in Form von Kleeblättern. Im Innern lassen sich im Gewölbe zum Teil Reste von mittelalterlichen Fresken bewundern sowie ein Chorgestühl aus dem 16. Jahrhundert mit aufwendigen Schnitzereien. Die dazugehörige Michaelskapelle diente früher vermutlich als Beinhaus.

Rustikal gemütlich geht es im **Gasthaus Weißes Ross** zu, das gutbürgerliche Küche serviert. Der Terrasse liegt der Rhein zu Füßen. In Weiler bei Bingen bietet das **Weingut Grünewald** den wunderbaren Rebensaft der Nahe und leckere Kleinigkeiten wie Bündnerfleisch, Handkäs oder Pellkartoffeln – ob in der urigen Weinstube oder bei schönem Wetter im Weingarten.

❷ Villa Rustica
(10 km von Burg Reichenstein)

Südlich von Trechtingshausen zeugen die Reste einer **Villa Rustica** von der römischen Vergangenheit. Erst Anfang des 21. Jahrhunderts wurden Fundamente des alten Landguts von Forschern freigelegt. Das Haus stammt wahrscheinlich aus der Zeit zwischen dem 3. und 5. Jahrhundert. Inmitten eines kleinen Nadelwalds lassen die Mauerreste gut erkennen, wie die Anlage aufgebaut war. Wem der Sinn nach einem Spaziergang steht, der sollte noch ein kurzes Stück gen Süden fahren, ins **Naturschutzgebiet Trollmühle.** Die 15 Meter hohen Felsformationen, die Trollfelsen, entstanden vor etwa 300 Millionen Jahren und sind nicht nur bei Kletterern beliebt. Auf gut markierten Wegen lässt sich das seit 1967 geschützte Gebiet erkunden.

Info
- **Villa Rustica,** Weiler bei Bingen über die K 29, nördlich von Waldalgesheim
- **Naturschutzgebiet Trollmühle** Münster-Sarmsheim, über die K 41

22

Burg Rheinstein
Ein Romantik-Schloss und Goethes Dr. Faust

Außerdem sehenswert

1 Morgenbachtal ➤ S. 174   **2** Bad Kreuznach ➤ S. 175

Burg Rheinstein

55413 Trechtingshausen
Tel. (0 67 21) 63 48
März–Nov. tägl. 9.30–18, Nov.–März. Sa. u. So. 10–17 Uhr, 4,50 €
➤ **www.burg-rheinstein.de**

Anfahrt PKW
A 61, AS 41, über die B 50 auf die B 9 Richtung St. Goar;
Parkmöglichkeiten an der B 9 unterhalb der Burg
(GPS 49.99412, 7.85895)

Anfahrt ÖPNV
Mit der RB 80 bis Bf. Trechtingshausen, etwa 30 Minuten Fußweg
auf einem der Wanderwege über die Rheinhöhen oder entlang der B 9

Essen + Trinken
Kleiner Weinprinz
Tel. (0 67 21) 63 77, März–Nov. Mi.–So. 11.30–17.30
Nov.–März Sa. u. So. 12–17 Uhr
➤ **www.kleiner-weinprinz.de**

Burg Rheinstein

Anlage

Burg Rheinstein liegt auf einem hohen Felssporn, 90 Meter oberhalb des Rheins und gehört damit als Hangburg zu den Höhenburgen. Sie befindet sich gleich in der Nähe des sogenannten Binger Rheinknies, wo der Fluss einen 90-Grad-Bogen beschreibt.

Der Zugang zur Burg erfolgt über eine mächtige Zugbrücke und durch ein schmiedeeisernes Gittertor. An der Westseite befindet sich ein Zwinger mit einem Halsgraben, der Teil des Wehrsystems ist. Mit seiner Prachtfassade zum Rhein hin präsentiert sich ein Gebäude, das gleichzeitig Eigenschaften eines Wohnturms und eines Palas aufweist. Charakteristisch für Burg Rheinstein sind auch die zwei polygonalen Ecktürme. Über dem Gelände erhebt sich der Rheinturm, der von

außen über Freitreppen zu erreichen ist. Sein Obergeschoss ist mit Spitzbogenfriesen dekoriert und von Zinnen gekrönt. Südlich davon befindet sich der Kanonenplatz: ein Vorplatz, auf dem Nachbildungen einer Steinschleuder und einer Kanone zu finden sind. Etwas unterhalb der Burg steht eine Kapelle im neugotischen Stil, deren bunte Glasfenster im Innern für schöne Lichtspiele sorgen. Das Gotteshaus beherbergt außerdem eine Gruft mit den sterblichen Überresten der Prinzenfamilie von Preußen. Im Burgundergarten zwischen Kapelle und Kanonenplatz wachsen zahlreiche Weinreben, von denen manche bis zu 300 Jahre alt sind.

Geschichte

Burg Rheinstein stammt aus dem frühen 14. Jahrhundert und trug unter anderem die Namen Voigtsburg und Fatz-

berg. Sie war im Besitz der Mainzer Erzbischöfe, dessen Gebiet sie sichern sollte, und wurde außerdem als Bollwerk gegen die Raubritter von Burg Reichenstein eingesetzt. Bis zum 16. Jahrhundert erlebte die Burg eine Hochphase – erst danach begann der schleichende Verfall, da es an finanziellen Mitteln fehlte, die Burg instand zu halten. Mit der Verschlechterung ihres Zustands schwand auch ihre strategische Bedeutung. Im 17. Jahrhundert war das Bauwerk bereits so verfallen, dass sogar die französischen Truppen, die die Region besetzten, eine Sprengung für überflüssig hielten. Jahrelang blieb die Ruine unbenutzt. Erst 1823 kaufte sie Prinz Friedrich Wilhelm von Preußen, um sie zu restaurieren und wieder aufzubauen. Die Bauherren Johann Claudius von Lassaulx, Friedrich Schinkel und Wilhelm Kuhn verwirklichten den ersten Burgenaufbau während der Zeit der Rheinromantik. Gegen Mitte des 19. Jahrhunderts folgte noch ein weiterer, kleiner Ausbau der Anlage. Die Schlosskapelle und ein Gästehaus, das sogenannte Schweizerhaus, in dem sich heute ein Ausflugslokal befindet, wurden errichtet. Prinz Friedrich Wilhelm, seine Frau Prinzessin Luise und ihr Sohn Prinz Georg sind in der Schlosskrypta bestattet. Seit 1975 ist die Burg im Besitz der Familie Hecher, die aufwendige und langwierige Renovierungsarbeiten vornahm, um das Kulturgut vor dem erneuten Verfall zu bewahren. Ein Unterfangen, das deutlich sichtbar geglückt ist.

Heutige Nutzung

Gleichwohl Burg Rheinstein privat genutzt wird, steht sie für Besichtigungen offen. Vor allem die Glasmalereien aus dem 14. Jahrhundert und die kunstvollen Fresken beeindrucken den Betrachter. In den Räumlichkeiten, wie beispielsweise im Blauen Salon, geben antike Möbel und historische Gemälde Einblick in den Alltag und Lebensstil der Prinzenfamilie. Der Kleine Weinprinz lädt zu frischen, regionalen Köstlichkeiten in die Tafernwirtschaft ein. Ob zum Rheinstein-Burger oder Prinzenschmaus, wie die leckeren Flammkuchen-Variationen hier heißen, – ein Schoppen Rheinwein schmeckt immer.

Garten

Im kleinen aber feinen Burgundergarten wachsen neben den alten Rebstöcken auch herrliche Rosen. Wie sie am alten Mauerwerk empor ranken, ist besonders hübsch anzusehen.

Tipps + Termine
Die Burg kann auf eigene Faust oder im Rahmen einer **Führung** besichtigt werden. Gruppen-Anmeldung unter Tel. (0 67 21) 63 48. Als Alternative bietet sich der **Einführungsvortrag** an, der kurz und knapp die wichtigsten Informationen über die Burg vermittelt.

Ein echtes Highlight sind die beliebten **Nachtführungen.** Nach einem Fackelaufstieg zur Burg wird ein geschmackvoller Umtrunk im Burgundergarten serviert, anschließend geht es mit Feuerschein durch das alte Gemäuer.
12,50 € ➤ www.burg-rheinstein.de

Blick von Burg Rheinstein auf Assmannhausen

① Morgenbachtal
(Unmittelbare Umgebung)

Das waldreiche Gebiet um Burg Rheinstein gehört zum **Morgenbachtal,** das unter Naturschutz steht und als eines der schönsten Nebentäler am Rhein gilt. Ein Wanderweg führt durch die Schlucht- und Auenwälder, vorbei an Wasserfällen und markanten Gesteinsformationen. Graureiher fühlen sich hier genauso zu Hause wie Stockenten. Das Gebiet gehört außerdem zu den anspruchsvollsten Kletterregionen in Rheinland-Pfalz.

Im ehemaligen Gästehaus der Burg Rheinstein ist heute die **Waldgaststätte Schweizerhaus** untergebracht, die sich mit regionaler Küche für eine Wander-Rast anbietet. Das wunderschöne Panorama von der Aussichtsterrasse belohnt für den Aufstieg, der nur zu Fuß zu meistern ist. Auch die **Waldgaststätte Haus Waldfrieden** hat sich ganz den Bedürfnissen der Wanderer und Ausflügler angepasst. Mitten im Binger Wald kann man neue Kräfte tanken

Natur + Erlebnis
• Morgenbachtal

Essen + Trinken
• **Waldgaststätte Schweizerhaus**
55413 Trechtingshausen
Tel. (0 67 21) 61 22
Ostern–Nov. tägl., Nov.–Ostern
Sa. u. So. ab 11 Uhr
• **Waldgaststätte Haus Waldfrieden**
55413 Trechtingshausen
Tel. (0 67 21) 3 22 19,
Di., Mi. u. Fr.–So. ab 11 Uhr
➤ www.gerhardshoefe.de

hundert allerdings von den Franzosen zerstört. Ihr heutiges, barockes Aussehen erhielt die Kirche im 18. Jahrhundert, nach dem Wiederaufbau. Das älteste Gotteshaus in Bad Kreuznach ist die katholische **Nikolauskirche.** Das dreischiffige Sakralgebäude wurde im 13. Jahrhundert im gotischen Stil errichtet und war zunächst eine Klosterkirche der Karmeliter. Hier befand sich im Mittelalter auch eine Lateinschule, in der Magister Faust, der später von Johann Wolfgang von Goethe verewigt wurde, unterrichtet haben soll. Das **Dr.-Faust-Haus** in der Innenstadt soll sein Wohnhaus gewesen sein.

Rund um das barocke **Kurhaus** lässt sich durch den prächtigen **Kurpark** lustwandeln, vorbei an bunten Blumenbeeten und Schatten spendenden Bäumen. Besonderes Augenmerk verdient dabei das **Salinental,** Europas größtes Freiluft-Inhalatorium. Auf insgesamt 1,1 Kilometern Länge perlt das Salzwasser über die Schlehenzweige der Gradierwerke und sorgt für frische „See-Luft".

und den Blick von der Sonnenterrasse schweifen lassen.

❷ Bad Kreuznach

(20 km von Burg Rheinstein)

Südlich von Trechtingshausen liegt die alte Kurstadt **Bad Kreuznach,** in der schon die Kelten und Römer zu Hause waren. Auch der fränkische Königshof hatte hier seinen Sitz, was man der prächtigen Stadt bis heute ansieht. Zu den schönsten Sehenswürdigkeiten und Wahrzeichen der Stadt gehören die **Brückenhäuser** aus dem 15. Jahrhundert auf der Alten Nahebrücke. Auf einer kleinen Insel befindet sich die evangelische **Pauluskirche.** Der Vorgängerbau wurde im 14. Jahrhundert im gotischen Stil errichtet, im 17. Jahr-

---

Info
- **Bad Kreuznach** mit **Brückenhäusern** (Mannheimer Straße), **Pauluskirche** (Kurhausstraße 2–4), **Nikolauskirche** (Poststraße 5), **Dr.-Faust-Haus** (Magister-Faust-Gasse 47) und **Kurhaus** mit **Kurpark und Salinental** (Kurhausstraße 28)

23 Brömserburg
Vom Weinmuseum mit der Seilbahn zum Niederwalddenkmal

Niederwalddenkmal 3034

① Rüdesheim

1 km

Brömserburg

42

Mäuseturm

Rhein

2,5 km

419

② Bingen

9

Nahe

N

Außerdem sehenswert
① **Rüdesheim** ➤ S. 180   ② **Bingen** ➤ S. 183

Brömserburg
Rheinstraße 2, 65385 Rüdesheim am Rhein
Tel. (0 67 22) 23 48
März–Okt. tägl. 10–18 Uhr, 5 €
➤ **www.rheingauer-weinmuseum.de**

Anfahrt PKW
A 3, AS 47, weiter über die A 66 und B 42;
Parkplätze an der Burgstraße (GPS 49.97740, 7.91763)

Anfahrt ÖPNV
Mit dem Stadtexpress (SE) 10 bis Bf. Rüdesheim,
etwa 5 Minuten Fußweg

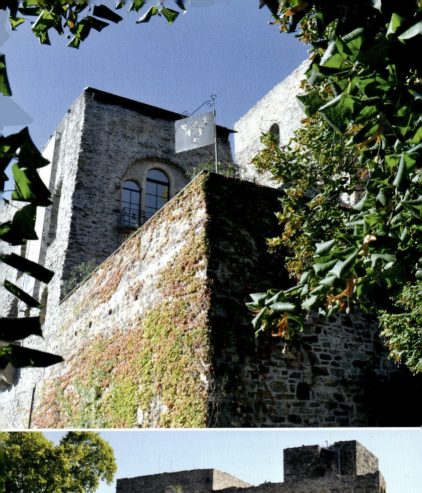

Brömserburg

Anlage

Die Brömserburg, früher Niederburg genannt, wurde ursprünglich direkt am Rhein erbaut, was heute durch den breiten Uferstreifen und die Straße nicht mehr zu erkennen ist. Die massive rechteckige Konstruktion aus Bruchstein fällt aber gleich ins Auge. Die heute vierflügelige, dreistöckige Burganlage ist von einer dicken, aber relativ niedrigen Ringmauer umgeben. Im rechteckigen Innenhof befinden sich zwei Türme: ein Wehrturm und ein Bergfried, von dem sich ein schöner Rundblick über die Weinberge und den Rhein bietet.

Im Erdgeschoss befanden sich damals die Wirtschaftsräume, die aus Sicherheitsgründen fensterlos blieben, der Wohnbereich lag in den oberen Stockwerken. Bei Renovierungsarbeiten im 19. Jahrhundert vergrößerte man unter anderem die Fenster, wodurch die einzelnen Wohnräume zusätzlich mit Licht durchflutet wurden. Die in der Romantik vorgenommenen Veränderungen wurden jedoch zum Großteil im 20. Jahrhundert wieder rückgängig gemacht.

Geschichte

Vermutlich wurde die Burg im 10. Jahrhundert errichtet; möglicherweise auf Fragmenten eines römischen Wachtturms. Ursprünglich gehörte die Brömserburg den Mainzer Erzbischöfen, die sie als Zollstation am Rhein nutzten. Anfang des 13. Jahrhunderts wurde ihr jedoch dieses Privileg entzogen und der nicht weit entfernten Burg Ehrenfels zugesprochen. Die Burg ging als Lehen an die Ritter von Rüdesheim über, zu denen auch die Brömser gehörten, die im nahe gelegenen Wispertal auf der Presburg residierten. Sie nahmen sich des Gebäudes an, bauten es um und erweiterten den Wohnbereich. Im Dreißigjährigen Krieg erlitt die Brömserburg starke Schäden. Als kurz darauf die Linie der Brömser ausstarb und die Anlage an Graf Emmerich von Metternich fiel, verwahrloste das einst majestätische Bauwerk. Erst der

neue Besitzer, Graf Friedrich Karl Josef von Ingelheim, der das Lehen mit der Ablösung beendet hatte, verhalf der Burg durch umfangreiche Renovierungsarbeiten wieder zu ihrem alten Glanz. Sie bekam, ganz im Stil der Epoche, ein romantisches Aussehen und war Anlaufstelle für so manche Berühmtheit. Die Gebrüder Grimm, Clemens von Brentano, Johann Wolfgang von Goethe und auch Heinrich Heine – sie alle waren Gast auf der Brömserburg. In den 1940er-Jahren wurde die Stadt Rüdesheim Eigentümer. Während des Zweiten Weltkriegs war die Burg kurzzeitig Gefängnis, später Flüchtlingslager. Nach Aufbau- und Renovierungsarbeiten öffnete 1950 das Weinmuseum seine Pforten, das bis heute zu einem Rundgang einlädt.

Heutige Nutzung

Das Rheingauer Weinmuseum widmet sich der langen Geschichte des Göttertranks und zeigt zahlreiche Exponate zum Wein und dem Prozess seiner Herstellung. Alte Arbeitsgeräte zeugen von intensiver Handarbeit, zahlreiche Exponate belegen frühere Feste und wahre Weingelage. Eine einzigartige Sammlung von Gläsern aus den verschiedenen Epochen ist absolut sehenswert.

Garten

Zum Museum gehört ein kleiner Garten, in dem alte Kelter, Pumpen, Fässer und Schubkarren ausgestellt sind. Eine alte Platane, die bereits im Jahr 1820 gepflanzt wurde, spendet „historischen" Schatten.

Tipps + Termine

Eine **Führung mit Weinprobe** verbindet das Wissenswerte mit dem Kulinarischen; bis zu sechs Weine stehen dabei zur Auswahl. 7,50–16 €

➤ **www.rheingauer-weinmuseum.de**

Einmal im Jahr, im Oktober, trifft sich rund um die Brömserburg buntes Volk zu geschäftlichem Treiben: Dann ist **Mittelaltermarkt mit Ritterfest**. An den Ständen zeigen Handwerker ihre Künste, auf den Plätzen kämpfen Ritter um ihre Ehre und in den Gassen tummeln sich Gaukler und Tänzer.

Boosenburg

❶ Rüdesheim

(1 km von Brömserburg)

In unmittelbarer Nachbarschaft liegt die **Boosenburg** mit ihrem 38 Meter hohen, quadratischen Turm. Die dazugehörigen Wohngebäude mussten im 19. Jahrhundert abgetragen werden, an ihre Stelle trat 1872 die neugotische Villa. Weiter Richtung Ortskern erreicht man die berühmte **Drosselgasse.** Auf 140 Metern Länge und 3 Metern Breite tummeln sich Winzerstuben, Cafés und Restaurants dicht an dicht. Ursprünglich wohnten hier die Rheinschiffer, später Beamte und angesehene Bürger. Ob auf der Terrasse oder im Kaminzimmer – der **Rüdesheimer Hof** kombiniert traditionelle und moderne Küche mit stilvollem Ambiente. Hier kommen Liebhaber von Fleisch und Fisch genauso auf ihre Kosten wie Vegetarier. Das muntere Treiben auf der Gasse führt zum **Glockenspiel,** das zwei Mal stündlich in Rüdesheim erklingt. Zu jeder vollen Stunde ertönen sie im Turm des **Rüdesheimer Schlosses** in der Steingasse, das feinste Speisen aus regionalen Zutaten vom Erzeuger vor Ort serviert. Das familiengeführte Haus besticht durch gehobene wie gemütliche Gastlichkeit. Zu jeder halben Stunde erklingen die Porzellanglöckchen am Mu-

Rast am Niederwaldtempel

sikkabinett in der Oberstraße. Hier lassen sich außerdem wunderschöne historische **Adelshöfe** bewundern, wie der Frankensteiner, Rittersche und Bassenheimer Hof.

Kunst + Kultur
- Rüdesheim ➤ www.ruedesheim.de
- Boosenburg (Niederstraße)
- Drosselgasse, Glockenspiel (Steingasse 10 und Oberstraße 29), **Adelshöfe** (Oberstraße)
- **Seilbahn Rüdesheim**, Oberstraße 37, 65385 Rüdesheim am Rhein, Tel. (0 67 22) 24 02, März–Nov. tägl. ab 9.30 Uhr, 6,50 €
  ➤ www.seilbahn-ruedesheim
- **Niederwaldtempel**, Niederwalddenkmal

Essen + Trinken
- **Rüdesheimer Hof**, Geisenheimerstraße, 65385 Rüdesheim, Tel. (0 67 22) 9 11 90, tägl. 12–14.30 u. 18–21.30 Uhr
  ➤ www.ruedesheimer-hof.de
- **Breuers Rüdesheimer Schloss** Steingasse 10, 65385 Rüdesheim, Tel. (0 67 22) 9 05 00, März–Sept. tägl. 11–22 Uhr, Okt.–Dez. auf Anfrage
  ➤ www.ruedesheimer-schloss.com
- **Rebenhaus**, Am Niederwald 2, 65385 Rüdesheim, Tel. (0 67 22) 4 83 58, Jan. u. Febr. Sa. u. So. ab 11, März–Okt. tägl. ab 10, Nov. u. Dez. Mo., Di. u. Do.–So. ab 10 Uhr
  ➤ www.rebhaus.com
- **Weingut Magdalenenhof** Marienthaler Straße 80, 65385 Rüdesheim, Tel. (0 67 22) 90 69 03, Mi.–Sa. ab 17, So. ab 12 Uhr
  ➤ www.magdalenenhof.de

Der vermutlich schönste ist der ab 1542 erbaute Brömserhof, in dem sich heute ein Museum befindet. Von der Oberstraße startet auch die **Kabinenseilbahn,** die Besucher in 10 Minuten zum 220 Hektar großen Landschaftspark Niederwald bringt. Die Fahrt über die Weinberge sollte man sich in keinem Fall entgehen lassen, auch wenn das Ziel ebenfalls mit dem Auto zu erreichen ist. Oben angekommen warten der **Niederwaldtempel,** ein hübscher Aussichtspunkt mit Pavillon, und das von 1877 bis 1883 erbaute **Niederwalddenkmal.** Hoch oben thront Germania, zu ihren Füßen sind über 100 Personen abgebildet, Prinzen, Generäle und Politiker. Auch Vater Rhein und Tochter Mosel sind zu erkennen. Das 75 Tonnen schwere und rund 50 Meter hohe Denkmal erinnert an den Sieg über Frankreich 1870/71 und die Neugründung des Deutschen Kaiserreichs. Von hier bietet sich ein wunderschöner Blick auf Rüdesheim und Bingen.

Direkt am Niederwalddenkmal bietet sich das **Rebenhaus** für eine Rast an. Vor allem die Terrasse mit Rheinblick ist bei den Besuchern beliebt. Mitten in den Weinbergen liegt oberhalb von Rüdesheim das Weingut **Magdalenenhof** mit rustikaler Winzerstube und herrlicher Sonnenterrasse. In der Vinothek lässt sich außerdem ein kleiner Einkaufsbummel einlegen.

Burg Klopp

 Bingen

(2,5 km von der Brömserburg)

Mit der Personenfähre der **Bingen–Rüdesheimer** setzen wir nach Bingen an der Nahemündung über und werfen dabei einen Blick auf den **Mäuseturm.** Anfang des 14. Jahrhunderts wurde er als Zollstation errichtet; im Dreißigjährigen Krieg jedoch so stark beschädigt, dass er Ruine blieb. 1856–58 wurde er saniert und diente

Info
- Bingen mit **Burg Klopp, Drususbrücke** und **Stefan-George-Museum** (Freidhof 9, 55411 Bingen, Tel. (0 67 21) 99 10 94, Di., Do. u. Sa. 14–17 Uhr Eintritt frei)
- **Mäuseturm**
- **Bingen–Rüdesheimer Fähr- und Schifffahrtsgesellschaft** Rheinkai 10, 55411 Bingen, Tel (0 67 21) 1 41 40, mehrmals tägl., 4 €
- ➤ www.bingen-ruedesheimer.com

der Schifffahrt als Signalturm am **Binger Loch,** wie die schmale Fahrrinne am rechten Rheinufer genannt wurde. Heute ist er eines der beliebtesten Fotomotive am Mittelrhein.

In Bingen fällt gleich **Burg Klopp** auf, die kurz nach 1240 errichtet wurde und dem Mainzer Erzbischof als Residenz diente. Heute ist hier die Stadtverwaltung zu Hause. Sehenswert ist auch die **Drususbrücke,** die mit sieben Bögen die Nahe überspannt. Um das Jahr 1000 in Auftrag gegeben, ist sie eine der ältesten Steinbrücken in ganz Deutschland und besticht mit einer Brückenkapelle und imposanten Eisbrechern. Berühmtester Sohn der Stadt ist **Stefan George,** dem ein Museum in einem hübschen Fachwerkhaus gewidmet ist. Die Ausstellung umfasst Gebrauchsgegenstände, einzelne Bücher aus seiner Bibliothek und Ausgaben seiner Werke.

Burg Eltville

Burgstraße 1, 65343 Eltville am Rhein
➤ **www.eltville.de**

Außenlage
Apr.– Okt. tägl. 9.30–19, Okt.–März tägl. 10.30–16.30 Uhr, Eintritt frei

Räumlichkeiten
Apr.–Okt. Fr. 14–18, Sa. u. So. 11–18 Uhr, 2 €

Anfahrt PKW
A 3, AS 47, weiter über die A 66 und B 42;
Parkplatz an der Rheingauer Straße (GPS 50.02509, 8.11748)

Anfahrt ÖPNV
Mit dem Stadtexpress (SE) 10 bis Bf. Eltville,
etwa 5 Minuten Fußweg über die Bahnhofstraße

Burg Eltville

Anlage

Burg Eltville wurde auf einem viereckigen Grundriss errichtet und bildete gleichzeitig den südöstlichen Eckpfeiler der damaligen Stadtbefestigung. Ihre Ursprünge liegen in einem Rundturm, von dem heute nur noch Reste zwischen der Palasmauer und einem neu erbauten, markanten Turm erhalten geblieben sind. Der heute weiße Wohnturm hat einen quadratischen Grundriss und wurde zu Lebzeiten Heinrichs von Virneburg erbaut. Mit seinen vier Ecktürmchen oberhalb des Zinnenkranzes fällt er sofort ins Auge. Über einen kleinen Burghof mit einer mächtigen alten Platane erreicht man die Burganlage. Neben dem Turm befand sich damals der Aufenthaltsraum für das Burggesinde, heute wird er für Kunstausstellungen genutzt und beherbergt einen gemütlichen Kamin, der seit 1940 mit dem Wappen der Stadt geschmückt ist. Nach 123 Stufen befindet sich der Besucher in 24 Metern Höhe und hat einen herrlichen Blick über das Burggelände und die Stadt Eltville.

Zuvor passiert er im ersten Obergeschoss die Grafenkammer, die früher eines der vornehmsten Zimmer war. Kunstvolle Wandmalereien aus dem 15. Jahrhundert schmücken den Wohn- und Arbeitsraum. Mehrere Wappen erinnern an das Geschlecht der Rheingrafen vom Stein und der Wildgrafen zu Dhaun, die in der ersten Hälfte des 15. Jahrhunderts auf der Burg lebten. Im zweiten Obergeschoss über der Grafenkammer befindet sich eine Gedenkstätte samt Druckerpresse zu Ehren Johannes Gutenbergs. In der dritten Etage war ursprünglich die Domherrenkammer untergebracht; heute beherbergt der Raum die Historische Sammlung Alta Villa, die zahlreiche Dokumente zur Eltviller Stadtgeschichte bereithält. Er ist als einziger mit einem Deckengewölbe ausgestattet, in dessen Schlussstein ein Wappen auf den Bauherrn Heinrich III. hinweist.

Geschichte

Burg Eltville entstand auf Anordnung des Erzbischofs Balduin von Luxemburg im 14. Jahrhundert auf Fragmenten einer Vorgängerburg, die im Zollkrieg 1301 zerstört worden war. Bis in die 1420er-Jahre wurde die Anlage um zusätzliche Wohnbereiche erweitert, die als Residenz für die Mainzer Erzbischöfe dienten. Während des Dreißigjährigen Kriegs ereilte die Burg jedoch das Schicksal zahlreicher anderer Bauten in der Region und sie wurde fast vollständig zerstört. Die Gebäudeteile, die der Krieg verschont hatte, wurden Ende des 17. Jahrhunderts in die Um- und Ausbauten integriert. Am 17. Januar 1465 war die Burg Schauplatz einer hohen Ehrung: Johannes Gutenberg, der Erfinder des Buchdrucks mit beweglichen Lettern, wurde von Kurfürst und Erzbischof Adolf II. von Nassau zu seinem Hofmann ernannt. Damit war er von Steuern und Diensten befreit und genoss materielle Zuwendung. Es sollte seine einzige Auszeichnung zu Lebzeiten bleiben. Im 19. Jahrhundert gehörte Burg Eltville dem Herzogtum Nassau, später dann dem preußischen

Staat. In den 1930er-Jahren wurde die Anlage von der Stadt Eltville erworben und seitdem kontinuierlich restauriert.

Heutige Nutzung

Burg Eltville dient heute in erster Linie als Kulisse für wechselnde Ausstellungen und Veranstaltungen. Im einstigen

---

Tipps + Termine
Die Führung **Besuch im Turm** ermöglicht eine Erkundung der Burganlage bis in den letzten Winkel. Geschulte Führer erzählen spannende Geschichten von der Burg und den dort ausgestellten Exponaten.
Anmeldung Tel. (0 61 23) 90 98 35, 40 € zzgl. zum Eintritt
➤ www.eltville.de

Ostflügel der Burg sind dafür verschiedene Räumlichkeiten vorgesehen, wie das rustikale Jägerzimmer und der Gelbe Saal. Der Burgturm mit der Gutenberg-Gedenkstätte sowie die malerischen Außenanlagen ziehen zahlreiche Besucher an.

Garten

Der wunderschöne Rosengarten kann über den Wehrgang erreicht werden, der am Burghof beginnt. Er wurde 1979 angelegt und beherbergt rund 350 Arten, darunter auch seltene japanische Rosen. Auf schmalen Pfaden lässt sich zwischen den zum Teil bis in 10 Metern Höhe rankenden Pflanzen lustwandeln, was besonders im Frühsommer ein Farben- und Geruchserlebnis ist.

Der Rosengarten am Wehrgang

Brunnen am Marktplatz

❶ Eltville

(Unmittelbare Umgebung)

Das Städtchen **Eltville** lädt mit seinen historischen Fachwerkhäusern aus dem 16. und 18. Jahrhundert und den verwinkelten Gassen zu einem Spaziergang ein. Das älteste Bauwerk ist **Burg Crass,** auch Schloss Rheinberg genannt, und liegt direkt am Rhein. Sie entstand vermutlich im 11. Jahrhundert und diente unter anderem Ritter Philipp Münch von Lindau als Residenz. Im 19. Jahrhundert, während der Epoche der Rheinromantik, wurde die Burg im neu-

gotischen Stil ausgebaut; von der ursprünglichen Anlage blieben nur wenige Bauelemente erhalten. Heute befindet sich in der Burg ein beliebtes Ausflugslokal, das gehobene Landhausküche serviert und seine Gäste mit einer großen Auswahl bester Weine verwöhnt. Bei schönem Wetter lässt sich der hausgemachte Kuchen auch im Platanengarten direkt am Rhein genießen.

Unweit der alten Stadtbefestigung steht das prachtvolle **Martinstor,** das einzige noch erhaltene Tor der Stadtmauer aus dem 14. Jahrhundert. Ganz in der Nähe

In den Altstadtgassen

ragt der mächtige **Sebastiansturm** empor. Seine Fassade schmückt eine Figur des heiligen Sebastians, des Stadtpatrons von Eltville. Die katholische Hallenkirche **St. Peter und Paul** stammt aus dem 14. Jahrhundert und wurde an der Stelle einer alten romanischen Kirche erbaut. Besonders sehenswert sind die spätgotischen Wandmalereien sowie die Ölberg- und Kreuzigungsgruppen. Das Portal ziert eine Darstellung des Jüngsten Gerichts. Im Seitenaltar befindet sich ein Taufstein aus der ersten Hälfte des 16. Jahrhunderts, der aus der Werkstatt Hans Backoffens stammt.

Vor allem aber sollte jeder Besucher am Rhein und Burggraben entlangschlendern und die Pracht von bis zu 22.000 Rosenstöcken bewundern. Schon 1871 wurde in Eltville eine Rosenschule gegründet, seit 1988 darf sich die Gemeinde offiziell **Rosenstadt** nennen. Jedes Jahr, am ersten Juni-Wochenende, finden die Rosentage statt, an denen ein buntes Programm rund um die Königin der Blumen geboten wird. Im Jahr 2006 verbanden sich zwei Eltviller Berühmtheiten, als eine Rosenart auf den Namen *Johannes Gutenberg* getauft wurde.

Direkt an der Burg Eltville liegt in einem Haus aus dem 17. Jahrhundert die **Weinstube Gelbes Haus,** das in gemütlicher Atmosphäre leckere Fleischspezialitäten und Wein aus der Region anbietet sowie einen Blick über die Weinberge und den Rhein. Im modern und schnörkellos gestalteten **Rhein-**

gauer Hof nimmt man im Restaurant oder in der Weinstube im ersten Stock Platz. Auch ein Bistro sowie eine Terrasse laden ein, die deutsche und jugoslawische Küche zu genießen. Inmitten der Weinberge liegt der **Gutsausschank Baiken.** Ob unter der Schatten spendenden Kiefer auf der Terrasse, im voll verglasten Wintergarten oder in der urigen Stube mit Kachelofen – hier wird die Einkehr zum Genuss für alle Sinne.

Kunst + Kultur
- **Eltville** ➤ **www.eltville.de**
- **Martinstor, Sebastiansturm, Kirche St. Peter und Paul** (Kirchgasse) und **Rosengärten**

Essen + Trinken
- **Burg Crass,** Freygässchen 1, 65343 Eltville, Tel. (0 61 23) 9 75 11-0, März–Okt. tägl. 12–22, Nov.–Febr. Mo., Di. u. Do.–So. 12–21.30 Uhr ➤ **www.burgcrass-eltville.de**
- **Weinstube Gelbes Haus** Burgstraße 3, 65343 Eltville, Tel. (0 61 23) 51 70, Mai–Sept. Mo.–Fr. ab 12, Sa. u. So. ab 11.30, Okt.–Apr. Di.–Sa. ab 17, So. ab 11.30 Uhr ➤ **www.weinstube-gelbeshaus.de**
- **Rheingauer Hof,** Rheingauerstraße 21, 65343 Eltville, Tel. (0 61 23) 60 16 90, tägl. 11–22 Uhr ➤ **www.rheingauerhof-eltville.de**
- **Gutsausschank Baiken,** Wiesweg 86, 65343 Eltville, Tel. (0 61 23) 90 03 45, Apr.–Okt. Di.–Fr. ab 17, Sa. ab 15, So. ab 11.30, Nov.–Jan. u. März Do.–Sa. ab 17, So. ab 11.30 Uhr ➤ **www.baiken.de**

② Museum bei der Kaiserpalz

(13 km von Burg Eltville)

Über die Brücke bei Wiesbaden oder mit der Fähre von Oestrich-Winkel ist Ingelheim am linken Rheinufer zu erreichen. Hier stand früher eine Kaiserpfalz aus dem 8. Jahrhundert; bis heute sind ihre Mauern zu besichtigen. Das **Museum bei der Kaiserpfalz** gibt Aufschluss über die wechselvolle Geschichte seit der Zeit Karls des Großen und seiner königlichen Nachfolger. Ein maßstabsgetreues Modell zeigt, wie die Kaiserpfalz ursprünglich aufgebaut war. Darüber hinaus werden interessante Sammlungen zu den frühgeschichtlichen Epochen sowie Exponate aus der Römerzeit und aus dem Mittelalter ausgestellt.

Info
Museum bei der Kaiserpfalz
François-Lachenal-Platz 5, 55218 Ingelheim, Tel. (0 61 32) 71 47 01, Apr. –Okt. Di–So. 10–17, Nov.–März Di.–So. 10–16 Uhr, Eintritt frei ➤ **www.museum-ingelheim.de**

© 2013 Droste Verlag GmbH, Düsseldorf

Gestaltung und Satz: Droste Verlag

Karten: Sameena Jehanzeb, Bonn; Übersichtskarte: Droste Verlag

Druck und Bindung: B.o.s.s Druck und Medien GmbH, Goch

Fotos: Monika Barwińska und Michael Moll, Essen, außer:
S. 4, 74/75, 76/ 77 © SW Archiv; S. 9/10 © Burg Lede GmbH;
S. 12 © Erich Koprowski, Köln; S. 13 © Tourismus & Congress GmbH Region
Bonn; S. 16/17 © fotolia, yetishooter; S. 18/19 © fotolia, abeckmann2706;
S. 21, 31 © Ingrid Retterath, Hürth; S. 49, 50 © Stadt Neuwied; S. 69 © Keramik-
museum Westerwald, Höhr-Grenzhausen; S. 110 © Stadt Lahnstein; S. 166,
167 © Rhein-Nahe Touristik Bacherach; S. 169 © Holger Klaes, Wermelskirchen

Motive Titel: *Bildleiste oben v. l. n. r.:* Schloss Sayn; Altes Rathaus, Engers;
Schloss Drachenburg, Königswinter; *Bild unten:* Marksburg, Braubach ©
Johannes Schlösser, Euskirchen
Motive Innenteil: Seite 1: Innenhof der Marksburg, Braubach; Seite 2/3: Burg
Sayn, Seite 4: Schloss Engers © Stadt Neuwied

(Alle Abweichungen, die nach Redaktionsschluss erfolgten, konnten im Buch nicht mehr
berücksichtigt werden. Hinweise und Änderungen nehmen wir gern entgegen.)

ISBN: 978-3-7700-1478-1
www.drosteverlag.de

Weitere Titel für spannende Entdeckungen in der Heimat

978-3-7700-1469-9   978-3-7700-1317-3   978-3-7700-1470-5